采购
管理实操
从新手到高手

邱云生◎编著

中国铁道出版社有限公司
CHINA RAILWAY PUBLISHING HOUSE CO., LTD.

图书在版编目（CIP）数据

采购管理实操从新手到高手/邱云生编著. —北京：
中国铁道出版社有限公司，2023.5
ISBN 978-7-113-29972-9

Ⅰ.①采… Ⅱ.①邱… Ⅲ.①采购管理　Ⅳ.①F253

中国国家版本馆CIP数据核字(2023)第028318号

书　　名：采购管理实操从新手到高手
　　　　　CAIGOU GUANLI SHICAO CONG XINSHOU DAO GAOSHOU
作　　者：邱云生

责任编辑：王　宏　　编辑部电话：(010) 51873038　电子邮箱：17037112@qq.com
封面设计：宿　萌
责任校对：安海燕
责任印制：赵星辰

出版发行：中国铁道出版社有限公司（100054，北京市西城区右安门西街 8 号）
印　　刷：天津嘉恒印务有限公司
版　　次：2023 年 5 月第 1 版　2023 年 5 月第 1 次印刷
开　　本：710 mm×1 000 mm 1/16　印张：14.75　字数：211 千
书　　号：ISBN 978-7-113-29972-9
定　　价：69.80 元

前言

在企业经营期间，采购可谓是生产经营的开端，有了采购，企业才有原材料用于生产，或者才有待售的商品。采购工作的执行情况，直接决定生产所需材料或待售商品的质量。因此，做好采购工作是必然之事。

然而，采购工作并不简单。管理层要求尽可能降低采购成本，而生产部门要求高质量的物资，怎么平衡？供应商要价高，采购企业要尽可能在采购预算范围内完成采购，怎么协商一致？生产部急需物料开始生产，供应商迟迟不发货，怎么处理？供应商质量参差不齐，采购企业要寻找高质量供应商，怎么提高供应商开发效率？供应商为了尽快交货而忽视产品质量，采购企业如何监控采购质量……

这众多的采购问题在现实中常常出现，让采购人员头疼不已，稍有差池，生产部要埋怨，管理层要训斥，压力顿感巨大。因此，要切实做好采购管理工作，并非易事。采购人员自身必须要具备较强的职业技能，采购部则要做好采购工作整体的组织与实施，明确哪些工作需要做，哪些工作要重点做。

为了帮助企业采购人员得心应手地处理采购工作，高效完成工作任务，编者编著了本书。

本书共九章，可大致划分为三部分。

◆ 第一部分为第 1 ~ 2 章，这部分主要介绍采购工作正式实施前、采购计划的制订以及采购预算的编制，强调采购计划与采购预算在采购工作中的重要性。

◆ 第二部分为第 3 ~ 7 章，这部分主要是采购工作的组织实施，包括供应商的开发选择和关系管理、采购方式的选择应用以及采购订单的处理和流程跟进，让读者了解到实施采购活动具体要做的工作。

◆ 第三部分为第 8 ~ 9 章，这部分属于采购工作中偏管理的内容，包括采购质量的监控与采购成本的控制，提升采购工作管理水平。

本书对采购工作内容的介绍较为详细，从采购计划的制订到采购成本的控制，书中配以大量的实用范本，读者可随取随用。另外，在每一章最后还添加了【工作梳理与指导】版块，包括"流程梳理"、"按图索技"、"答疑解惑"和"实用模板"，分别对采购工作各环节的具体工作及流程进行梳理，对工作中存在的问题进行答疑，同时将采购工作中可能用到的一些制度、表格制作成实用模板，尽可能地为读者提供丰富的模板资料。

书中涉及的实用范本与模板 PC 端下载地址及移动端二维码：

http://www.m.crphdm.com/2023/0227/14552.shtml

由于编者经验有限，书中难免会有疏漏和不足之处，恳请专家和读者不吝赐教。

编　者

2023 年 1 月

目录

第 1 章　制订采购计划统领采购工作

第2章 编制采购预算防止盲目采购

第 3 章　开发供应商并实施关系管理

第4章　采用询价采购方式简单易行

第5章 进行谈判采购操作更灵活

第 6 章 以招标形式采购更公开透明

第 7 章　处理采购订单跟进采购流程

第 8 章　做好采购质量管理保证生产所需

第1章

制订采购计划统领采购工作

采购工作对各种企业来说都非常重要，它涉及直接材料成本或者销售成本的核算。采购工作做好了，有利于企业进行成本控制。因此，进行采购管理对企业来说是非常有必要的。而在进行采购管理前，必须制订采购计划，以为采购管理提供执行依据。

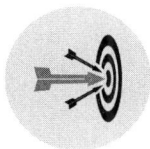

1.1 认识采购计划并了解其重要性

采购计划是企业管理人员在了解市场供需情况后、认识企业生产经营活动过程中和掌握物料消耗规律的基础之上，对计划期内物料采购管理活动所做的预见性安排和部署。由此可见，在进行采购管理之前，采购计划的制订必不可少。

1.1.1 为什么需要制订采购计划

从采购计划的定义看，它是对计划期内物料采购管理活动的提前安排和部署，有着一定的引导作用。这也是企业需要制订采购计划的原因之一。除此以外，还因为制订采购计划有着明显而不容忽视的一些作用，大致有如下 3 个。

◆ 可有效规避风险，减少损失

由于采购计划是根据企业生产部门或其他使用部门的计划而制订的，包括采购物料、采购数量和需求日期等内容，因此它是从企业经营的实际情况出发所做的类似于材料消耗的预测，这其中通常会考虑到企业在购料和用料方面可能存在的风险与损耗，并对此做出详细的计划安排。所以在一定程度上可减少企业在物料方面的浪费和损失。

◆ 为企业组织采购提供依据

采购计划的制订就是为了企业能更有序、有节地进行采购活动，所以为企业组织采购提供了依据。比如采用什么方式采购、具体采购数量是多少、采购时间怎么安排以及供应商的选择等。

◆ 有利于合理配置资源以取得最佳经济效益

企业采购计划的制订，基于管理人员了解市场供求关系，认识企业生产经营活动现状以及物料消耗规律等，这样就能避免制订的采购计划不能满足市场供需，或者不符合企业生产经营情况，又或者过量采购或过少采购给企业带来存货积压或生产脱节等问题。总的来说，就是通过采购计划，能使企业合理配置资源，从而控制好成本，获取可观的营收，取得最佳经济效益。

1.1.2　企业采购计划的常见类型

在认识采购计划的类型前，我们要首先明确划分依据。不同的划分依据下，其采购计划的类型是不同的。

（1）按计划期长短划分

按照采购计划的计划期长短，可将其划分为年度物料采购计划、季度物料采购计划和月度物料采购计划等。

很显然，年度物料采购计划就是指计划期为一年的采购计划；季度物料采购计划就是计划期为一个季度的采购计划；月度物料采购计划就是计划期为一个月的采购计划。实务中，为了更清楚地列示采购计划的数据，常会以表格的形式编制采购计划，如表1-1所示为某公司的物料年度采购计划表。

实用范本　　　　　表1-1　物料年度采购计划表

编制单位：　　　　　　　　　　　　　　　　　　　　　　　　年　月　日

材料名称	规格	材料编号	各月份需求量													合计	安全库存	进料计划		交货天数
			1	2	3	4	5	6	7	8	9	10	11	12			月份	数量	

生产总监：　　　　　生产部经理：　　　　　复核：　　　　　制表：

（2）按物料的使用方向划分

按照所需采购物料的使用方向，可将采购计划分为生产产品用物料采购计划、维修用物料采购计划、基本建设用物料采购计划、技术改造措施用物料采购计划、科研用物料采购计划和企业管理用物料采购计划等。

我们从各采购计划的名称中就能直观地知道这些采购计划的适用范围，因此不再赘述其含义。

实用范本 年度药品采购计划

为全面贯彻落实×××××××××精神，切实加强公司药品的日常监管，使公司的药品流通秩序进一步规范。同时，为确保我司的药品供应及时，避免药物储存过多、积压资金、占用堆积的空间、药品的使用效果以及管理，结合我司实际情况，特制订我司基本药物采购计划。

一、药品采购的范围

除国家实行特殊管理的药品（麻醉药品、精神药品、医疗用毒性药品、放射性药品）、中药材、中药饮片和国家特殊规定以外的全部临床用药。

二、药品采购数量的确定

1. 去年的采购数量和库存量

①去年，药库总共采购的药品品种有××种，实际用药品种××种，其中第一季度×××、×××××、××、×××、×××××……销量比较多；第二季度××××、××、××××……销量比较多；第三季度×××、×××……销量比较多；第四季度×××、××、×××××……销量比较多，这些药品可以在本年采购时多进购。

②药库在去年采购的××种药品中，品种剩余较多的药品是×××、×××、×××、××、×××、×××××，这几种在本年采购时可少进购。

2. 本年的实际情况

虽然今年公司新开设了×家门店，但是在政策不断地推进下，新店自开始营业以来，负担着越来越多的周边群众的医疗保健工作。

近几年来××镇周边发展较快，外来人口和流动人口相对去年有所增加，劳务人口也相对增加。

3.本年的采购数量

今年××××委员会对目录进行了调整，在国家基本药物目录的基础上共增补了××种新药，××国家基本药物有××种，包括国家基本药物部门和省增补品种部分，共有××个品规，其中国家基本药物部分有××个品规，省增补品种部分有××个品规，省确定基本药物目录为××个规格剂型。

根据去年的采购数量和库存量、实际销售量和我司现实情况，总共采购药品品种××种。

三、药品采购的详细计划

公司本年总共采购的药品品种××种，其中第一季度采购药品××种（具体药物品种、剂量等见附表1）；第二季度采购药物品种××种（具体药物品种、剂量等见附表2）；第三季度采购药物品种××种（具体药物品种、剂量等见附表3）；第四季度采购药物品种××种（具体药物品种、剂量等见附表4）。

对于同一类品种较多的药品，我们会选择基层最常用的品种，不强求齐全，对于同一通用名下不同剂型、规格的药品，会兼顾成人和儿童用药需求。

如发生特殊情况，公司会及时调整本季度的采购计划，及时进购药物，确保满足消费者的用药需求。对于有存货较多的情况，相关部门要及时调整下月的进货量，减少药物存货的风险。

从上述范本内容可看到，该年度药品采购计划也包括了季度采购计划，如各季度药品采购品种和计量等。实务中，企业的年度采购计划中很可能包含了季度采购计划，甚至是月度采购计划。

（3）按物料的自然属性划分

按照所需采购物料的自然属性，可将采购计划分为金属物料采购计划、机电产品物料采购计划和非金属物料采购计划等。顾名思义，金属物料采购计划是针对企业需要采购的金属物料所做的采购计划；机电产品物料采购计划是针对需要采购的机电产品所做的采购计划；非金属物料采购计划是针对需要采购的非金属物料所做的采购计划。

仔细想想，这种按照所需采购物料的自然属性来做的采购计划，会非常细致，但同时会给采购人员增加很多工作量，细分的采购计划特别多，也不利于企业做采购成本控制。

1.1.3　采购计划一般包含哪些内容

虽然不同的企业在编制采购计划时，具体的内容不尽相同，但主要内容应该包括如下方面。

◆　采购对象

采购对象就是采购活动实施时具体需要采购的东西，比如原材料、工程物资、安装服务、机器设备以及厂房或办公楼等。

◆　采购规模

采购规模也可理解为采购数量，比如采购原材料或工程物资多少批或多少吨；采购安装服务的具体范围；采购机器设备的台数或者套数；采购厂房多少栋，或生产车间多少间，或办公楼多少栋、多少层等。

◆　采购预算

采购预算指采购部门在一定计划期间编制的材料采购的用款计划。也就是说，采购计划中包含了关于采购价款的预算内容，而不仅是采购规模。

◆　采购方式

采购方式是企业在采购活动中运用的方法和形式的总称。比如本书后面章节会讲解到的询价采购、谈判采购和招标采购等。通俗点说，采购方式就是企业采购物料的具体手法和途径，在采购计划中也需要明确说明。

◆ 采购周期

采购周期指企业决定订货并下订单→供应商确认→订单处理→生产计划→物料采购→质量检验→发运的整个周期时间，也可简单理解为规律性的两次采购间隔的天数或时间。

◆ 采购文件

采购文件指采购方（这里指企业）为了完成采购活动而制定的文件，包括商务性文件内容和技术性文件内容，大致上包括：采购活动记录、采购预算、招标文件、投标文件、评标标准、评估报告、定标文件、合同文本、验收证明、质疑答复、投诉处理决定以及其他有关文件、资料。注意，这里其中有些资料只在特定的采购方式中才会出现，如招标文件和投标文件等。

知识扩展 采购活动记录三要记录什么

采购活动记录至少应包括这些内容：①采购项目类别、名称；②采购项目预算、资金构成和合同价格；③采购方式，采用公开招标以外的采购方式的，应载明原因；④邀请和选择供应商的条件及原因；⑤评标标准和确定中标人的原因；⑥废标的原因；⑦采用招标以外采购方式的相应记载；⑧采购文件的保存期限等。

1.2 进行采购需求分析

采购需求指采购方对采购标的（即所需采购的东西）的特征描述，如质量、性能、功能、体积、符号、标志和工艺等技术规格。而广义上的采购需求还包括采购方所需采购的数量。在实施采购前，甚至在制订采购计划前，一定要弄清楚采购需求，这样才能保证所采购的物料是适用的，且符合企业生产所需。那么如何分析并确定采购需求呢？本节就来看看一些常见的方法。

1.2.1　通过编制需求表格分析采购需求

通过编制需求表格，能更直观地明确企业采购物料的需求，同时也有利于后续进行采购物料的验收工作。采购需求表由公司自行设计，这里展示一种比较简单的表格样式，如表 1-2 所示。

实用范本　　　　　　表 1-2　采购需求表

一、招标技术要求			
序号	采购内容	技术参数及其性能（配置）要求	数　量
备注：			
二、商务要求表			
质保期			
售后服务要求			
交货时间及地点			
付款条件			
投标报价要求			

那么实务中如何运用这张采购需求表呢？下面以某公司编制的采购需求表为例，看看这张需求表的具体用法。

实操范例 通过编制采购需求表明确公司的采购需求

某公司是一家依法成立的医疗机构，采购部在制订 2022 年全年的采购计划前，针对具体的采购需求编制了如表 1-3 所示的采购需求表。

表 1-3 采购需求表

一、招标技术要求			
序号	采购内容	技术参数及其性能（配置）要求	数量（台）
1	生物反馈治疗仪	一、技术参数要求： ①治疗波形参数：治疗电流输出 0 ~ 99 mA 可调；治疗波形上升时间 0 ~ 15 s 可调；治疗波形工作时间 1 ~ 30 s 可调；治疗波形下降时间 0 ~ 15 s 可调；治疗波形休息时间 1 ~ 30 s 可调；治疗波形脉冲宽度 5 ~ 450 μs 可调；治疗波形输出频率 2 ~ 80 Hz 可调 ②数据存储 ≥ 16 MB，支持 15 小时数据 ③ EMC 治疗灵敏度：0.1 μV ④治疗量程 0 ~ 2 000 μV ⑤共模抑制比 > 100 dB ⑥带宽 10 ~ 1 000 Hz ⑦信号输入 0 ~ 1.0 V ⑧采栏频率 ≥ 4 096 Hz ⑨ AD 采样 ≥ 18 bit 二、功能要求： ①双道道独立治疗模式，可同时治疗两个患者 ②多媒体 EMC 生物反馈式神经功能重建治疗技术 ③肌电触发电刺激治疗模式 ④主被动双重治疗模式 ⑤神经、肌电评估功能，打印书面报告 ⑥彩色触摸屏显示，计算机操作系统 ⑦实时显示患者治疗情况并能及时给予评估结果 ⑧病列资源管理系统，记录患者每次治疗详情 ⑨具备智能的生物电流分离选择模式 ⑩内置多种治疗方案	1

续上表

序号	采购内容	技术参数及其性能（配置）要求	数量（台）
2	平衡评定及训练系统	一、技术参数要求： ①基本稳定性 ②体重分配百分比和体重分配和谐度 ③脚跟和脚趾压力模式同步性 ④姿势晃动的傅立叶转换 ⑤傅立叶频谱进行划分至少分为 8 个基本频率段 【软件配置】 ①至少内置两种平衡评定评分标准，中文操作系统 ②软件中设置患者数据库管理，能够对 10 万名患者的姓名、评定数据档案进行数据管理，数据档案存储在计算机中 ③人机对话反馈训练模式，可自动评分评估并打印报告 【测定平台性能要求】 ①人体重量测量范围：0 ～ 200 kg ②人体重量测量精确度：±0.5 kg ③能分辨人体重心四自由度偏移（左右偏移、前后偏移） 平衡训练软件功能：内置平衡训练软件，依据软件视觉指示，可进行前倾、后倾、左倾、右倾训练；平衡训练软件内置数据库，可以存储每名患者 30 天的训练记录 【计算机配置】 ①处理器 IntelPentium 1 000 MHz 及以上；②硬盘 ≥ 500 GB；③内存 ≥ 4 GB 【测定平台机械结构】 ①在护栏的扶手处，纵向、横向施加 100N 推力时，护栏不侧翻 ②护栏底架以及测量盘均可承受压力 ≥ 2 000 N ③护栏的扶手可承受压力 ≥ 800 N 二、功能要求： ①双屏显示，全中文操作系统界面，打印评估结果，医生操作方便，病人可自行观测自身评估和训练状态 ②至少采用四点压力测评技术 ③具备傅立叶转换技术 ④准确报告跌倒危险指数；揭示平衡障碍的根源 ⑤强大生物反馈训练程序	1
…	……	……	……

续上表

备注：货物必须能够提供厂家（或授权代理商）出具的授权书【如果是代理公司授权给投标人的，必须同时提供生产厂家给代理公司的授权书，代理公司才能给投标人的授权（授权链不能中断）】保证货物正品及售后服务，否则报政府采购监督管理部门处理

二、商务要求表

质保期	自货物验收合格之日起一年
售后服务要求	①免费送货上门 ……
交货时间及地点	自签订合同之日起，在60个日历天内安装调试完毕，验收合格并能正常运行；地点：××县××医疗机构指定地点
付款条件	合同签订货物送到采购人指定地点，按采购人要求设备安装调试完毕并验收合格后凭完税发票3个月内付采购合同价的50%，设备正常使用6个月内支付至合同总价的90%货款给供应商，余款10%作为质保金，质保期满后7日内向供应商一次付清（不计利息）
投标报价要求	投标报价是履行合同的最终价格，是供应商在采购人指定地点交付产品时产生的一切费用总和，货物采购应包括货物、标准附件、备品备件、专用工具、包装、运输、装卸、保险、税金、货到就位及安装、调试、保修等一切与本项目有关的费用

从上表可见，通过编制采购需求表，可将所需采购的物料的技术参数以及功能特性等进行详细的规定，从而方便采购人员在按照采购计划实施采购活动时，有明确依据指导采购活动的开展。

采用编制采购需求表的方法分析采购需求时，往往会牵动公司内部很多员工，造成人力资源的浪费，且只要有一个部门的采购计划没有明确，采购部就不能进行需求统计，很可能贻误最佳采购时机。

1.2.2 通过统计分析确定采购需求

统计分析是企业在进行采购需求分析时运用最多、最普遍的方法，操作原理就是根据一些原始材料分析出客户的需求规律，从而明确采购需求。

采购需求分析实务中的统计分析有常见的两种方法：一是对采购申请单汇总统计；二是对各个单位销售日报表进行统计。目前大多数企业在进行采购需求分析时都使用前一种方法。

（1）对采购申请单汇总统计得出采购需求

采购部等待公司内部其他部门每月提交一份采购申请表，明确各部门下个月的采购品种和数量，然后采购部把这些申请表列明的采购需求进行汇总，得出下一个月总的采购需求，再根据总的采购需求表制订下个月的采购计划。如表1-4所示的是生产用原材料采购申请表。

实用范本　　　　　　　表1-4　生产用原材料采购申请表

项目名称				
经办人			日　期	
序号	材料名称	数　量	预算费用（元）	备　注
1				
2				
3				
4				
5				
合 计 预 算 费 用				
部门经理审批： 　　　　　　　　　　　　　　　　　　　　年　月　日				
项目经理审批： 　　　　　　　　　　　　　　　　　　　　年　月　日				
主管总经理审批： 　　　　　　　　　　　　　　　　　　　　年　月　日				

（2）对各个单位销售日报表进行统计得出采购需求

这种采购需求的统计分析方法在商品流通企业中使用较多，因为这些企业每天的销售情况可以直观反映客户或消费者对企业物资的需求，相应地，需求速度大小反映了企业物资的消耗快慢程度。所以公司通过每天的销售日报表就可以统计得到企业物资的消耗规律，从而得出物资采购需求。如表1-5所示的是销售日报表。

实用范本　　　　　　　　　　　表1-5　销售日报表

门店名称：　　　　　　　　所属区域：　　　　　　　　日期：　年　月　日

序号	品名	色号	规格	吊牌价	折扣	实际单价	金额	备注
合计								
当日销售状况								

库存状况	昨日库存	今日进销退			今日库存	备注：		
		进	销	退				

制单：　　　　　　　　店长：　　　　　　　　主管：

为了减少统计分析中的工作量，企业可直接进行销售月报表或销售季度报表的统计，这样能更快地统计分析出全年的采购需求。

1.2.3 以 ABC 分析法分析采购需求

这里的 ABC 分析法是指 ABC 分类法，也称 ABC 分类库存控制法，有时还称之为帕累托分析法。这种方法还被通俗地称为"80 对 20"规则。从其名称可看出，该方法原本是用来进行库存控制的，那么怎么用它来进行采购需求分析呢？

由于企业的存货多少直接关系着企业生产或销售活动能否顺利进行，比如存货短缺，就会使生产活动无法进行，或者订单无法履行，从而无法及时交货，影响企业信誉，还可能损害客户利益；又或者存货过多，造成积压，不仅增加储存成本，还可能造成资源浪费。

因此，企业需要控制好存货。而控制好存货的一个重要手段就是进行采购需求分析，按照分析得出的最佳采购量进行物料采购，便能有效避免物料过多或过少带来的不利影响。所以此时就可以借助 ABC 分析法进行采购需求分析。

采用 ABC 分析法将公司所有物资品种进行 ABC 分类，并按类别实行重点管理，更好地进行采购需求分析。运用过程中的具体步骤如下：

◆ 第一步，选定统计期

先选定一个合适的统计期进行统计分析。在选择统计期时应遵循两个原则：比较靠近计划期和运行比较正常，通常以当前为基准，取过去一个月或几个月的存货数据；或者以当年为基准，取过去一年的存货数据。

◆ 第二步，分类统计各种物料在统计期的具体情况

利用 ABC 分析法对企业的存货进行分类，然后分别统计出各种物料在所选的统计期内的采购量和单价，并对各种物料制作一张 ABC 分析卡，列

明物料名称、采购数量和采购金额等。

分类时，先计算每种物料的金额；再按照金额由大到小排序，并列成表格；接着计算每一种物料金额占库存总金额的比率；然后计算累计比率；最后，将累计品目百分数为 5% ~ 10% 而平均资金占用额累计百分数在 70% ~ 75% 之间的作为最重要的 A 类材料，将累计品目百分数为 20% ~ 25% 而平均资金占用额累计百分数也为 20% ~ 25% 的作为次要的 B 类材料；将累计品目百分数为 60% ~ 70% 而平均资金占用额累计百分数仅为 5% ~ 10% 的作为不重要的 C 类材料。

◆ 第三步，将 ABC 按照采购量大小进行顺序排列

通过将 ABC 分析卡按照各物料的采购量大小，由大到小地进行顺序排列，并按顺序填写物料编号。

◆ 第四步，填写 ABC 分析表

把所有 ABC 分析卡的物料信息填写到 ABC 分析表中，并进行累计统计。由此即可清楚地知道企业各物料的采购量情况，如表 1-6 所示为某公司的 ABC 分析表。

实用范本　　　　　　表 1-6　ABC 分析表

材料名称	料　号	年使用量	单　价	使用金额	占总金额比率	累计比率	分　类
							A 类
							B 类
							C 类

注意，上述 ABC 分析表中展示的 A、B、C 类物料的类型及种类的多少要根据企业的实际物料情况进行填列，也就是说，表格的行数由实际情况决定，进行适当的添加。

◆ 第五步，确定采购需求

根据 ABC 分析表的各物料采购量情况，以及各物料的结存情况，确定各物料的具体采购需求，确定需要采购的数量、型号和规格等。

1.2.4 通过物资消耗定额来确定采购需求

物资消耗定额管理也是一种采购需求分析的好方法，结合物资消耗定额，以及产品的结构零部件清单或工作量，就可以求出所需原材料的品种和数量。

那么什么是物资消耗定额呢？它是指在一定的生产技术条件下，生产单位产品或完成单位工作量所必须消耗的物资标准量。通常用绝对数来表示物资消耗定额，如生产一台机器设备或一个零件需要消耗多少钢材、生铁等；有时也会用相对数来表示，如冶金和化工业企业涉及的配料比和成品率等。

在实务中，物资消耗定额管理又分为 3 种方法，具体介绍如下：

（1）技术分析法

技术分析法在物资消耗定额管理中的运用体现了科学、精确的特点，但在实际操作时却会因为需要经过精确计算而导致工作量较大。

首先，根据产品装配图或生产用料情况分析出产品的所有零部件或需要的原材料；然后根据每个零部件的加工工艺流程或原材料的投入使用情况，得出每个零部件的每个加工工艺或原材料的使用量；接着，对每个零部件考虑从下料切削开始一直到后面所有加工工序的切削完成，形成零件净尺寸 C 为止的所有切削的尺寸留量 c；最后，将每个零件的净尺寸 C 加上所有各道切削尺寸留量 c 之和，就是这个零部件的物料消耗定额 T。用计算公式表示如下：

$$T = C + \sum c_i$$

上述计算公式中，i 表示某一种零部件各道加工工艺，$\sum c_i$ 就表示某一种零部件各道加工工艺的切削尺寸留量 c 之和，或者也可表示某种产成品在生产时所需的各种原材料的合理耗损量之和。

（2）统计分析法

统计分析法指根据企业以往生产中物料消耗的统计资料，经过分析研究并考虑计划期内生产技术条件的变化等因素来制定物资消耗定额的方法。比如要制定某种产品的物料消耗定额，可根据过去一段时间仓库的领料记录和同期内产品的产出记录进行统计分析，求出平均每个产品的材料消耗量，将其作为该产品的物料消耗定额，如表 1-7 所示为某公司的材料消耗定额表。

实用范本 表 1-7 材料消耗定额表

定额名称：　　　　　　　　　　　　　　　　　　　　单位：

工作内容：								备注
地点：		材料配合比：				单位：		
项目	材料名称、规格、单位	材料单价（元）	观测日期					
			实物产量					
			消耗量					
			消耗量					
			消耗量					
			消耗量					
			消耗量					
			消耗量					

填表：　　　　　　　复核：　　　　　　　　填表单位：

由于统计分析法以大量详细、可靠的统计资料为基础来确定每个产品的材料消耗量，即该产品的物料消耗定额，因此统计出来的产品生产所需物料的量会比较准确。

（3）经验估计法

经验估计法指根据技术人员、工人的实际生产经营，参考有关技术文件，并考虑企业在计划期内生产条件的变化等因素，制定物料消耗定额的方法。这种方法简单易行，但也因为具有浓重的主观性而缺乏严密的科学性，确定出来的物料消耗定额的精准度不高。

1.3　如何制订采购计划

了解了为什么需要制订采购计划和采购计划的类型，也知道了制订采购计划前需要做的采购需求分析，接下来就要着手制订采购计划了。在制订采购计划前，除了要做采购需求分析外，还需要做一些其他准备工作，然后再按照规范的流程制订采购计划。

1.3.1　制订采购计划前要做的准备工作

在制订采购计划前，需要做的准备工作基本上就是资料和信息的收集。大体上包括如下一些资料和数据信息。

◆ 企业的生产计划

企业的生产计划是基于销售计划，加上人为判断而确定的生产目标。生产计划会依据预期销售数量，加上预期期末存货，减去期初存货余量来确定。只有确定好生产计划，才能在此基础上确定物料采购计划。这是为什么呢？公司依据确定的生产计划，预测需要使用的物料数量和规格型号等，再结合当前的物料剩余量和规定的期末物料剩余量，就可以计算出当期需要采购的物料数量及规格型号。

◆ 用料清单

由于生产计划只列示产品的数量，如果想直接知道某一种产品在生产时需要用到哪些物料和用料数量是多少，就必须借助用料清单。因此，有自己研发部门的企业，需要由研发或产品设计部门编制该清单，主要列示各种产品具体由哪些材料制造或组合而成；没有研发部门的企业，则由生产部门相关人员根据生产经验进行用料清单的编制。

根据用料清单可精确计算制造某一种产品的用料需求量，并且用料清单上所列的耗用量一般为标准用量，将其与生产相应的产品时实际耗用的材料数量进行比较，还可以方便进行用料控制。

换句话说，用料清单就是编制采购计划前所准备的实用性资料，它不仅包括物料需求数量，还包括物料需求时间，如表1-8所示为简单的用料清单模板。

实用范本　　　　　　表1-8 用料清单

项目编号：　字第　　号

用料部门：　　　　　年　月　　　　　项目／产品名称：

材料名称	规　格	单　位	数　量	单　价	金　额	备　注

会计主管（签章）：　　　　　复核（签章）：　　　　　填表（签章）：

◆ 存量管制卡

如果产品有存货，则当期生产数量不一定等于销售数量。同理，如果材料有库存数量，则材料采购数量也不一定等于根据用料清单计算出的材料需用量。

因此，企业有必要建立物料的存量管制卡，如表 1-9 所示，以表明某一种物料当前的库存情况，然后根据用料需求数量，考虑采购材料的作业时间和安全存量标准，计算出当期正确的采购数量，最后再填写请购单进行采购活动。

实用范本　　　　　　　　　　表 1-9　物料存量管制卡

年度：　　　　　　　　卡号：　　　　　　　编制日期：　年　月　日

材料名称		规格		计划采购量		最低存量		
材料编号		型号				安全存量		
材料等级			存放位置			最高存量		
日期	收/发/领/退凭单编号	收料记录			生产批令号码	领料单位	发料记录			核对
		数量	单价	金额			数量	单价	金额	

物控主管：　　　　　　　　仓管员：　　　　　　　制表：

◆ 确定采购数量

企业通过生产计划、用料清单或材料需求计划以及存量管制卡，决定采购数量，主要使用如下计算公式。

本期应采购数量＝本期生产需用材料数＋本期期末材料预定库存量－上一期期末材料库存量－上一期已购未入库材料数量

◆ 填写采购数量计划表

用料清单统计的是某一种或某些物料在某月应采购的总量，而对于某一种物料应在什么时间采购、采购多少以及什么时间到货等，这些信息还必须通过编写采购数量计划表来明确。该表格也是采购计划的重要内容，简单的模板如表1-10所示。

实用范本　　　　　　　表1-10　物料采购数量计划表

编号：　　　　　　　填表人：　　　　　　　日期：　　年　　月　　日

供应商	本日存货		本日存货耗用期限	订购日期	订购数量	抵达日期	抵达后库存总量
	日期	存货量					

至此，编制采购计划的前期准备工作就基本完成了。

1.3.2　按照规范的流程制订采购计划

从上述内容可以看出，企业制订采购计划需要经历一个规范的过程，这其中会涉及与其他部门之间的配合工作。下面通过一个清晰简单的示意图来了解制订采购计划的大致流程，如图 1-1 所示。

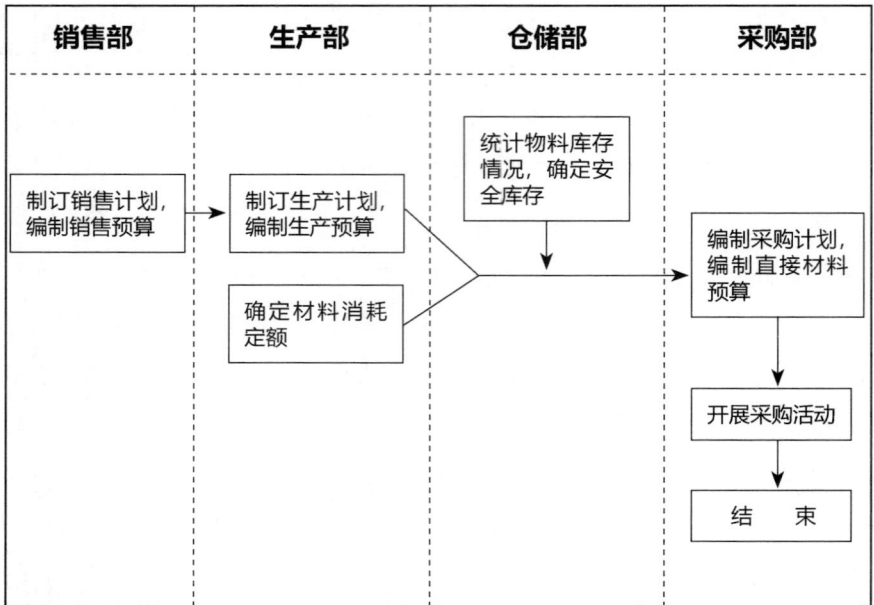

图 1-1　采购计划制订流程

在制订采购计划时，企业还需要注意以下问题。

①要把货物、工程和咨询服务等不同的采购对象的采购计划进行分开编制。

②采购时要注重设备、工程或服务的规模和数量，以及具体的技术规范和规格、使用性能要求等。

③采购时分多个阶段的，要分清楚哪些工作流程在前，哪些工作流程在后，要对每批次货物或工程从准备到交货或竣工需要的时间做出细致的安排。

④要做好货物或工程、服务等在采购过程中的衔接工作。

1.4 采购计划的实施与监督

制订了采购计划以后并不代表采购活动就结束了，根据采购计划实施采购是必不可少环节，同时要对采购计划的实施进行必要的监督，这样才能及时判断实际采购情况与采购计划的偏离程度，从而做出调整采购计划或控制采购成本的决定。

1.4.1 采取措施保证采购计划顺利实施

采购计划的顺利实施，并不是要求企业一字不差地按照采购计划来开展采购活动，而是提高采购人员对采购计划的重视，并在采购活动中以采购计划为标尺，尽量将采购情况控制在计划范围内，也就是减小实际采购情况与采购计划的偏离程度。

那么在实务中，可以采取哪些有效的措施来保证采购计划顺利实施呢？主要从以下几个方面入手。

（1）制定采购管理制度

采购管理制度是以文字的形式对采购组织工作与采购具体活动的行为准则、业务规范等做出的具体规定。其中包括采购计划、采购预算和其他一些重要内容。

实用范本 采购管理制度

第一章 总则

为了进一步加强公司制度管理，健全企业采购管理制度，监督和控制不必要的开支，保证采购工作的正常化、规范化，特制定本制度。

第二章 采购原则

1. 采购是一项重要、严肃的工作，各级管理人员和采购经办人必须高度重视。

2. 采购必须坚持"秉公办事、维护公司利益"的原则，并综合考虑"质量、价格"的竞争，择优选取。

3. 一般日常办公用品及其他消耗用品由财务部和行政后勤人员负责采购。

4. 急用、小金额采购可以口头向部门负责人、董事会领导汇报后先行购买，购回物品经行政人员验收后再到财务部报销。

5. 采购时应尽量要求供应商开具发票，采购金额达 500 元以上（含 500元）一律需出具发票。

第三章　采购程序

一、采购申请

1. 采购前，采购经办人依照所购物件的品名、规格、数量、需求日期及注意事项填写"采购申请单"。

2. 紧急采购时，可在"采购申请单"上注明"紧急采购"字样，以便及时处理。

3. 若撤销采购，应立即通知财务部或行政后勤人员，以免造成不必要的损失。

二、采购流程

1. 采购经办人在"采购申请单"内需填写所购物品的估算价格、数量和总金额。

2. 各采购经办人在采购之前必须把"采购申请单"交到财务部进行审核，报总经理审批后，方能进行采购。

第四章　采购经办人职责和行为规范

一、采购经办人职责

1. 建立供应商资料与价格记录。

2. 询价、比价、议价和定购作业。

3. 所购物品的品质、数量异常的处理以及交货进度的控制。

4. 做好每次的采购记录和对账工作。

二、采购经办人行为规范

1. 采购经办人应本着质优价廉的基本原则，经过多方询价、议价、比价后填写"采购申请单"。

2. 采购经办人应尽职尽责，不能接受供应商任何形式的馈赠、回扣或贿赂；若因严重失职或违反原则做出不适当行为者，给予辞退，情节严重者提交公安机关处理。

第五章　附则

一、各部门需要采购时，须按上述审批手续和流程执行。

二、本制度经董事会和总经理审批核准后实施。

各公司应按照自身发展需求和实际经营情况，制定适合自身的采购管理制度。

（2）编制详细且灵活的采购计划

详细的采购计划能帮助采购人员按章办事，减少出错的概率，提高采购活动的效率。但同时，采购计划也要灵活，要能根据企业的采购需求变化轻松灵活地进行计划内容的调整。

（3）加强材料计划的及时性、准确性和严肃性

采购部严格按照采购管理制度的规定执行规范化的计划编制、审核和采购工作，做到供立工作在不同阶段有不同的人负责，坚决杜绝计划盲目和铺张浪费的不严肃工作作风。企业应当将这些因素作为考核采购人员工作质量的重要依据。

（4）坚持审批环节

采购部在做好自身计划审批工作的基础上，也要做好对材料的报批工作，对实行调整的大宗材料应进行价格厂家的审批，在审批后进行采购，未经审批的材料不得自行采购。

1.4.2　如何监督采购计划的执行情况

采购计划的执行情况，直接影响企业采购活动的实施效果，因此为了提高企业采购工作的效率，有必要对采购计划的执行情况进行监督。那么具体可从哪些方面入手呢？

◆　制定采购监督管理制度或办法

制定采购监督管理制度或办法，就相当于给企业监督采购计划的执行情况建立了一个行事标准，相关部门和人员按照监督管理制度或办法的规定，就能更好地完成采购计划监督执行工作，并对执行情况做出客观的评价，为日后采购计划的编制及调整工作提供依据。

◆　对采购过程进行监督

依据采购计划中规范的采购过程，与实际采购流程进行对比，看是否有擅自增加的环节或减少的环节。对于增加的环节，看是否有必要，耗费的时间多少，如果没有必要，甚至耗费时间过长，说明采购计划的执行情况不佳，应将多余环节砍掉。

反之，如果发现新增环节有必要，就相应地调整采购计划的采购流程。对于减少的环节，看是否会影响正常的采购活动，如果不影响，就可以减少，并相应地在采购计划中予以调整；如果有影响，就说明不应该减少该环节，应按照采购计划规定的流程开展采购活动。

◆　对采购人员进行监督

依据采购计划中明确的采购人员规定，对开展采购活动的采购人员数量、素质以及工作效益进行监督，及时发现不合理的采购人员安排和不符合采购员任职要求的员工，避免采购人员在采购环节利用职务之便做出舞弊行为，给企业带来经济损失。

若采购人员的安排是合理的，则说明采购部门认真执行了采购计划对采购人员的规定；反之，采购计划执行力度差。

◆　对采购对象进行监督

采购对象就是企业需要采购的物料，将采购计划中对采购对象的规定与实际采购物料的情况进行对比，看是否符合计划中的物料数量、质量、规格和型号等要求。若符合，则说明采购计划的执行情况良好；若不符合，说明采购计划的执行情况不佳。

除此以外，还有其他一些需要监督的内容和情况，下面通过一个范本来了解采购计划监督执行的具体内容。

实用范本　**采购监督管理办法**

一、目的：加强采购管理，提升采购效率。

二、适用范围：采购活动过程。

三、定义：采购应当遵循公开透明原则、公平竞争原则、公正原则和诚实信用原则。

四、权责：全面监督检查采购流程的规范性。

五、内容：

5.1　采购流程执行监督

…………

5.2　物资采购监督要重点把握关键环节

…………

5.3　物资采购监督要重点关注核心人员

…………

5.4　采购监督重点手段

…………

5.5　采购监督的违规行为

…………

5.6　违规处罚

按照公司相关行为准则及处罚条例进行。

工作梳理与指导

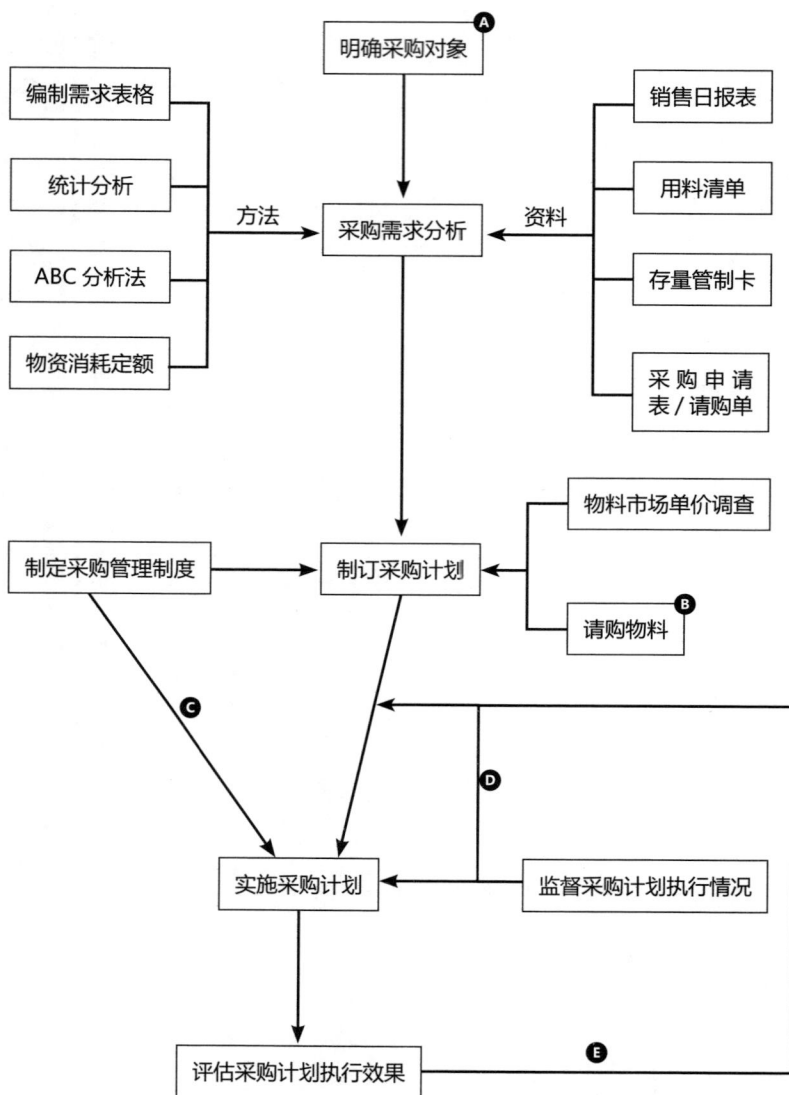

```
                              明确采购对象 Ⓐ
                                   │
                                   ↓
编制需求表格 ┐                              ┌ 销售日报表
           │                              │
统计分析    │                              │ 用料清单
           ├ 方法 → 采购需求分析 ← 资料 ┤
ABC 分析法  │                              │ 存量管制卡
           │                              │
物资消耗定额 ┘                              └ 采购 申 请
                                            表 / 请购单
                                   │
                                   ↓
                                        ┌ 物料市场单价调查
制定采购管理制度 → 制订采购计划 ←        │
                                        └ 请购物料 Ⓑ
           Ⓒ                    │
                                Ⓓ
                   ↓    ↓
           实施采购计划 ← 监督采购计划执行情况
                   │
                   ↓
           评估采购计划执行效果 ────────── Ⓔ
```

按图索技

A 明确采购对象要求。企业在进行采购需求分析前，首先要明确需要采购的物资具体是哪种或哪些，然后再结合销售情况、用料清单、存量情况和采购申请等，进行采购需求分析，将所需采购物资的详情进行归纳、汇总。

B 请购物料实际上就是企业内部包括生产部门在内的所有部门向采购部申请采购所需的物料。实务中，并不是各部门申请采购多少物料，具体开展采购活动时就会采购多少，而是需要根据请购情况，再结合其他因素，编制具体的采购计划。

C 企业按照采购计划开展采购活动的过程中，为了保证采购计划发挥实质性的引导作用，需要借助制定好的采购管理制度进行规范、约束。当然在制订采购计划时，也需要有采购管理制度作为尺度参考。采购管理制度是企业采购管理活动中的重要文件。

D 企业在实施采购计划的过程中，要通过对采购计划的执行进行监督，来了解采购计划的具体执行情况，过程中可能会发现原先制订的采购计划不太符合企业经营所需或发展要求，此时可在计划实施过程中进行调整，以保证采购计划与企业实际情况相适应。

E 按照采购计划开展采购活动以后，需要对采购计划的执行情况进行评估，看实际采购情况与采购计划之间是否有偏差，偏差大还是小，从而判断采购计划的执行情况是好是坏，为下一会计期间制订采购计划或者调整采购计划提供参考依据。

答疑解惑

问：实际工作中，由谁来审批采购计划书？

答：工作中，采购部门编制采购计划书后，通常交由本部门领导审核，然后递交给生产部门确定，接着递交给财务部门审核，最后递交给本公司最高领导（如厂长、总经理或总监）进行审批。

问：在制订采购计划时，如何快速抓住重点？

答：采购计划的重点是确定"买什么""买多少"和"怎么买"。围绕买什么，就可以在采购计划中明确采购对象的具体情况，如品名、规格、型号、颜色和款式等；围绕买多少，就可以在采购计划中明确所需采购的物料具体需要采购多少量，如多少台、多少套、多少件和多少桶等；围绕怎么买，就可以在采购计划中明确采购方式，是询价采购、谈判采购还是招标采购等。

答疑解惑

问： 如果发生临时应急采购需求，是否也需要制订采购计划？

答： 实际工作中，需要灵活应对突发情况，要遵循"实质重于形式"的原则。所以，当发生临时应急采购需求时，应重实质，针对事情的紧急性先进行采购；事后再将采购详情编写成报告，向上级领导汇报，如为什么会发生临时应急采购需求，以后能否采取必要的措施来规避同类型的临时应急采购需求，如果可以，制定出相应的措施，如果不可以，就考虑顺势向公司领导申请制定一种应对临时应急采购需求的办法，以备后期参考执行。

问： 如何组建一支高效的采购团队？

答： 实际工作中，一支高效的采购团队必然有一名采购主管，是企业领导非常信任的，并且具有熟悉物料行情和善于谈判等较强工作能力的员工。而其他采购员则按照业务量大小或部门员工总人数来确定参与采购的人员数量；按照采购员以往的工作表现，避免将工作能力低下的员工安排在重要采购活动中。除此以外，有必要设置供应商管理员，专门负责采购合同签订统计、供应商供货质量、及时率和价格升降等信息的统计考核，为采购团队提供工作依据。

实用模板

物料月度采购计划表	百件产品直接材料消耗定额	采购呈批表
采购活动记录表	原辅材料消耗定额表	物料市场单价调查表
办公用品采购申请表	请购单	
销售月报表	集团公司采购管理制度	

第2章

编制采购预算防止盲目采购

采购预算是对采购计划的"货币化"，也就是预测并计算企业在一定计划期间内由于采购物料而需要的款项。采购预算也是经营决策具体化、数量化的表现，即将未来一定时期内经营决策的目标通过有关数据系统地反映出来，它也是开展采购活动的标尺，不可被忽视。

2.1 编制采购预算前需要了解的内容

企业采购预算的编制具有一定的技术性，因此这项工作不是随便谁都可以做的，也不是随随便便就能完成的。在编制采购预算前，有一些基本的知识需要相关人员掌握。

2.1.1 编制采购预算的目的和依据

很多人可能会有这样的想法：采购预算不就是指采购活动大概需要多少钱吗？难道不是在心里想一想就完事儿了？对采购预算的简单理解是可以这么说的，但实际工作中，尤其是形成规模的企业，一举一动都不能"想当然"，所有计划、预算和经济业务情况等，都需要通过更正式、规范的操作进行记录，那么采购预算也不例外。这是企业需要编制采购预算的最基本理由，那么编制采购预算的主要目的又是什么呢？编制时有无依据？

（1）编制采购预算的目的

企业为何要编制采购预算？面对这个问题，相信大多数人第一反应都是"因为编制采购预算可以达到某某目的或起到某某作用"。没错，企业就是想要达到一定的目的，所以才需要编制采购预算。具体是哪些目的呢？

①保障企业战略计划和作业计划的执行，确保企业组织目标一致。

②协调企业各部门之间的合作经营。

③在企业各部门之间合理安排有限的资源，保证资源分配的高效率。

④对企业物流成本进行控制和监督。

（2）编制采购预算的依据

编制采购预算的直接依据是企业的生产预算，具体包括生产预算每月或每季度预计生产量、单位产品的材料消耗定额、计划期间的期末与期初存货量、材料的计划单价以及采购材料的付款条件等。

编制采购预算的间接依据是销售预算,通过销售预算确定预计销售量,然后依据预计销售量和预计期末期初产成品存货等数据,确定预计生产量。

编制采购预算的依据会涉及有关表格数据的统计,比如材料收发存明细表,简单模板如表2-1所示。

实用范本　表2-1　材料收发存明细表

年　　月

材料名称	期初余额	本月购入	本月发出	期末余额
合　计				

2.1.2　采购预算编制的内容

企业采购预算的编制内容包括但不限于采购项目、采购资金来源、采购数量、型号、单价以及采购项目截止时间等。

◆　采购项目

在采购预算中,要对当期需要进行采购的物料进行明确,以便分别对各种物料编制采购预算,最后据此统计出当期所有物料的预算金额。

在编制预算时,这些采购项目尽量分类统计,如生产用原材料、部门管理用物资以及修理修配的物料等。其中生产用原材料又可根据其构成产品的重要程度进行分类统计。

◆　采购资金来源

采购资金的来源指企业用于采购项目的支出计划,可以是如表2-2所示的来源途径。

表 2-2　采购资金的来源途径

来　源	说　明
公司自有资金	指企业为了进行生产经营活动而经常持有、能自行支配而不需要偿还的资金，通常是指投资者或股东投入的资金
借款资金	对企业来说是债务资本，即从银行等金融机构或非金融机构借入的资金，这部分资金通常是"公司自有资金"的对称，它需要偿还，且会导致企业支付利息，资本成本较高。公司的借款资金一般都是专款专用，因此公司可以在资金周转不灵时向金融机构借款来采购物料
公司留存收益	公司通过经营取得的收入在扣除所有费用、成本后留存在内部的净利润，或者是对投资者分配了利润以后的未分配利润
财政拨款	当一些特殊企业需要采购特殊物料时，可以申请财政拨款，这是我国对这些特殊企业的生产经营的一种支持和鼓励

在编制采购预算时，要将企业用来购买物料的资金来源进行明确的说明，以便企业后续编制资金预算。

◆　采购数量

采购数量指各个采购项目的计划采购量，只有明确了计划采购量，才能对采购物料的预算金额进行精确的核算。

◆　型号

采购预算的内容中，型号的明确是对采购物料的更进一步规定，也是采购项目的具体配置标准，更详细的约束能防止采购人员在采购活动中擅自更改所采购物料的型号、规格或类型，从而导致实际采购情况与采购预算出现较大偏差。

◆　单价

采购预算内容中的单价指所需采购物料的预计单价，也是公司对所采购物资的期望单位产品支出。这一预算内容可能与实际采购情况有出入，因为企业无法百分百精准预测物料的市场价格，一般只要在合理的价格范围内就行。

◆ 采购项目截止时间

为了提高采购活动的效率，以最少的时间获取企业所需的物料，在采购预算内容中通常也会规定采购项目的截止时间，以此来规范采购人员的行为，避免出现采购执行拖沓、影响生产进度的情况。

2.1.3 影响采购预算的因素

企业编制采购预算时，会受到一些因素的影响，也就是说，在编制采购预算时，要综合考虑这些因素，才能更准确、科学地编制出采购预算。结合实践经验，影响采购预算的因素主要有以下一些方面。

（1）采购环境

影响采购预算的采购环境分为内部环境和外部环境。

内部环境主要是相关制度的建立健全、采购人员的配置、生产效率以及物料损耗情况等。当企业有健全的制度来规范采购预算的执行，或者采购人员的能力较强，生产效率高，物料损耗小，就会使采购部在编制采购预算时少考虑这些因素带来的不确定量；反之，就可能会多考虑这些因素带来的不确定量。

外部环境包括市场中相关物料的供需关系、市场竞争情况以及国家政策等。市场供需关系、竞争情况一旦发生变化，就会促使企业结合自身生产经营需要而调整采购预算；或者国家政策变动，也会使企业不得不重新考虑采购预算是否合理，是否需要调整、修改。

（2）公司销售计划

前面我们也提到过，企业的生产计划以销售计划为依据，而采购计划又以生产计划为依据，因此，企业销售计划的拟订会影响企业的采购计划，进而影响采购预算。

影响销售计划的因素又有国内外经济发展情况、技术发展、竞争者状况、财务状况、技术水平、厂房设备、人力资源以及公司声誉等。因此这些因素也会间接影响企业的采购预算。

（3）公司生产计划

公司生产计划与销售计划是同时影响公司采购计划的因素。如果销售计划过于乐观，就很可能使产量变成存货，从而影响生产计划，紧接着就会使公司减少采购量，进而减少采购预算；反之，过度保守的销售计划又可能导致企业产量不足，无法满足客户的订单需求，丧失创造利润的机会，同时也会导致企业突然增加采购量和采购预算，甚至还会增加企业因临时应急采购带来的风险。

（4）用料清单和存量管制卡

用料清单和存量管制卡的填制是否规范，数据是否精准，都对采购预算的编制有着或多或少的影响。如果用料数据和存量数据不够精准，总是调整修改，就可能造成采购数量无法准确预测，甚至导致物料规格过时或不易购得，给采购预算的编制增加困难。预算结果不够科学，会使企业占用大量采购资金而丧失其他投资收益机会，严重时使企业采购资金短缺而导致生产供应链断裂。

（5）物料的标准成本

在编制采购预算时，一般会以单位物料的标准成本来预测拟采购物料的价格。所以，企业确定的单位物料的标准成本一旦发生变化，就会影响采购预算的结果。而且，如果标准成本的设定缺乏过去采购资料的支撑，则预算的正确性也会大大降低。

（6）生产效率

对于企业来说，生产效率的高低会使预测的物料需求量与实际的耗用量产生一定的误差。产品生产效率降低，会导致物料的单位耗用量提高，从而使采购计划和采购预算中的数量不足以匹配生产所需；反之，生产效率升高，会导致物料的单位耗用量减少，会使采购计划和采购预算中的数量超过生产所需，形成物料积压，而使采购预算失去控制的作用。

实务中可能还存在其他影响因素，需要由公司自己亲身实践探查。

2.2 科学准确地编制采购预算

采购预算的编制要讲究方法和规则，并不是随随便便给出一个预算数据就行。只有科学、准确地编制出采购预算，才能为企业控制采购成本助力。

2.2.1 掌握编制采购预算的方法

编制采购预算的方法有很多，如固定预算和弹性预算、增量预算和零基预算、滚动预算和定期预算等。不仅如此，企业内部其他方面的预算也都有这些预算方法，具体使用时看适合哪一种，或者哪一种符合预算编制的要求。

下面来系统地认识这些不同的预算编制方法，如表 2-3 所示。

表 2-3 各种预算编制方法

编制方法	说　明	缺　点	适用范围
固定预算	指在编制预算时，只根据预算期内正常、可实现的某一固定的业务量水平为唯一基础来编制预算的方法，它不考虑可能发生的变动	①适应性差 ②可比性差	事业单位

编制方法	说　明	缺　点	适用范围
弹性预算	与固定预算相对，也称为可变预算或动态预算，指企业在分析业务量与预算项目之间数量依存关系的基础上，分别确定不同业务量及其相应预算项目所消耗资源的预算方法	①编制工作量大 ②市场及其变动趋势预测的准确性和预算项目与业务量之间依存关系的判断水平会对预算合理性造成较大影响	编制全面预算中所有与业务量有关的预算，实务中主要是成本费用预算和利润预算
增量预算	指以基期水平为基础，分析预算期业务量水平和有关影响因素的变动情况，通过调整基期项目和数量，编制相关预算的方法	可能导致无效费用开支无法得到有效控制，使得不必要开支合理化，造成预算上的浪费	企业现有业务活动都是必需的，且原有各项业务都是合理的情况
零基预算	指不考虑过去的预算项目和收支水平，以零为基点编制预算的方法。它不受以往预算安排情况的影响，一切从实际需要出发	①工作量较大、成本较高 ②预算编制的准确性受企业管理水平和相关数据标准的准确性影响较大	企业各项预算的编制，尤其是不经常发生的预算项目或预算编制基础变化较大的预算项目
滚动预算	又称连续预算或永续预算，指在编制预算时将预算期与会计年度脱离开，随着预算的执行不断延伸补充预算，逐期向后滚动，使预算期始终保持为一个固定期间的一种预算方法	①滚动的频率越高，对预算沟通的要求越高，工作量越大 ②过高的滚动频率容易增加管理层的不稳定感，导致预算执行者无所适从	大多数预算项目和企业
定期预算	指在编制预算时以不同的会计期间（即固定会计期间）作为预算期的一种预算编制方法	往往使管理人员只考虑剩下时间的业务量，缺乏长远打算，导致一些短期行为	企业经营期间的情况没有明显的变化或调整的情形

实务中，这些编制方法可结合使用，以保证编制的采购预算准确、合理。

2.2.2 编制采购预算需要遵循一定的原则

编制采购预算时，遵循一定的原则是必然的，以此保证采购预算的编制顺利完成。

◆ 实事求是

采购预算的编制尽可能地建立在过往实际经济活动及其预算的基础上，以过去的数据为标准，编制预算期的采购预算。这样就能有效避免采购预算严重偏离采购业务的实际情况。

也就是说，采购规模的预算必须运用科学、合理的方法，力求数据真实、准确；购买支出要与企业的经营目标一致，不能随意虚增支出。各项购买支出要符合部门实际情况，预算时要有真实、可靠的依据，不能凭主观印象或人为提高购买标准。在安排预算时，要精打细算，不哄抬所需采购物资的目标值。

另外，也不要盲目追求低价，更不能盲目扩大采购量，避免造成库存积压。同时，所采购物资的质量也不要过于超前，应在满足工作需要的前提下适当超前，避免不考虑发展而导致产品刚投入市场就被淡出，造成浪费。

◆ 积极稳妥、留有余地

采购预算的编制不仅要满足企业生产和经营所需，还要适当地为库存留有剩余，以防止临时生产或销售所需引起所采购物资的短缺，甚至是生产、销售供应断裂。

积极稳妥指不要高估预算指标，也不要压低指标。既要保证采购预算指标的先进性，也要保证预算指标的可操作性和合理性，充分发挥采购预算指标的指导和控制作用。

◆ 比质比价

在编制采购预算的过程中，一定要做到对所采购对象进行质量和价格的比较，选择各方面都达到企业采购要求的方案，以此方案中物资的质量和价格作为预算标准，编制本企业预算期内的采购预算。

换句话说，企业在编制采购预算时应广泛收集采购物资的质量、价格等市场信息，掌握主要采购物资信息的变化；要根据市场信息比质比价确定采购物资。除非企业只有唯一供货商或企业生产经营有特殊要求外，主要物资的采购都应选择两个及以上的供货商，从质量、价格和信誉等方面择优安排采购。

2.2.3 按照规范步骤编制采购预算

企业要想采购预算的编制工作井然有序，确定的步骤是必不可少的。下面从 6 个步骤简单说明编制采购预算的流程。

◆ 第一步，审查企业及部门的战略目标

由于企业编制的采购预算要与自身的战略目标相适应，因此在编制采购预算前必然需要审查企业及部门的战略目标，从而使得编制采购预算的人有具体的依据指导采购预算的编制工作。

◆ 第二步，制订明确的工作计划

这里的工作计划是编制采购预算的工作计划，如先做什么、再做什么，编制采购预算的内容是什么，如何确定所采购物资的具体型号或规格，采购预算的编制达到什么程度就可以算是完成了，哪些人员要参与采购预算的编制工作，由谁对采购预算的编制负责等。

◆ 第三步，确定所需的资源

编制采购预算不仅有人力资源的需要，还有财力、物力等资源的需要。要想做好采购预算工作，不仅要选好采购预算编制工作的负责人和参与人员，提供充足的财、物的支持，同时还要提供编制采购预算需要用到的各种资料、信息和经济数据。

◆ 第四步，提出准确的预算数字

按照工作计划，结合编制采购预算所需的资源，以及企业和部门的战略目标，提出准确的预算数字，逐项预算，层层预算。

◆ 第五步，汇总预算数字

将所有预算数字按照一定的规则进行汇总，从而形成完整、规范的采购预算文件或资料。汇总预算数字时，可能用到的计算公式如下：

预计购料量 = 生产需要量 + 计划期末预计存料量 - 计划期初存料量

接着，分别乘以各类材料的计划单价，求得预计购料成本。

在编制原材料采购预算后，还要有预算期间的"预计现金支出计算表"，用以计算预算期内为采购原材料而支付的现金数额，以便编制现金预算。

◆ 第六步，提交预算

编制好采购预算后，仔细检查看有无错漏，确认无误后提交采购预算给本部门领导审核，再交绐企业领导审批。采购预算一经审批通过，就要严格执行。

如表2-4所示为比较常见的采购预算中用到的直接材料预算表格。

实用范本　　　　　　　表2-4　直接材料预算表

项　目	第1季度	第2季度	第3季度	第4季度	全年
预计生产量（件 / 套等）					
单位产品材料用量 （千克 / 件或套等）					
生产需用量（千克）					
加：预计期末存量（千克）					
减：预计期初存量（千克）					
预计材料采购量（千克）					
单价（元 / 千克）					
预计采购金额（元）					
预计现金支出（元）					

续上表

项　　目	第 1 季度	第 2 季度	第 3 季度	第 4 季度	全年
上年应付账款					
第 1 季度					
第 2 季度					
第 3 季度					
第 4 季度					
合　　计					

实务中，如果公司需要采购的材料品种较多，或者各种材料的采购、领用等具有非常严格的限制，为了能清晰地区分各种材料的采购预算，同时有利于控制成本，可以对每一种需要采购的材料编制采购预算。

2.3　采购预算也要做后期评估和调整

编制采购预算的目的是指导企业规范、合理地进行采购活动。如果发现采购预算不符合企业发展实际，就需要及时进行采购预算的调整，使其符合企业发展的需求。而我们如何发现采购预算不符合企业发展实际呢？除了在实施过程中因出现偏差而发现，还可以在预算期末对当期采购预算的执行情况进行评估。

2.3.1　定期进行采购预算执行情况分析与评估

一般来说，企业可以在每年度年末对当年采购活动的执行情况进行汇总统计并分析，从采购量、采购金额、涉及的税费、总购买金额以及实际合同数据与预算数据的对比情况等方面入手。

在对采购预算执行情况进行分析和评估时，可从采购供货率、产品合格率以及年材料消耗量的大小情况等方面分析、评估。在分析评估过程中，可借助一些表格，使分析评估结果更清晰、易懂，如表 2-5 至表 2-7 所示。

实用范本　　　　　　表 2-5　采购量统计表

会计期间：　　　年

材料名称及型号	第 1 季度	第 2 季度	第 3 季度	第 4 季度	合 计

实用范本　　　　　　表 2-6　采购金额统计表

会计期间：　　　年

材料名称及型号	采购总量	单价	购买金额	应交税额	总购买金额

实用范本　　　　　　表 2-7　采购预算与实际合同数据对比表

会计期间：　　　年

材料名称及型号	第 1 季度	第 2 季度	第 3 季度	第 4 季度	合 计	单价	购买金额
××（合同）							
××（预算）							
××（合同）							
××（预算）							
××（合同）							

续上表

材料名称及型号	第1季度	第2季度	第3季度	第4季度	合计	单价	购买金额
××（预算）							
××（合同）							
××（预算）							

为了更系统地学习采购预算执行情况的分析、评估工作，下面以某公司采购部编制的 2020 年度采购预算及采购预算执行情况的分析评估文件为范本，进行采购预算执行情况分析与评估部分的展示。

实用范本 年度采购预算执行情况分析评估

二、预算执行情况分析评估

（一）原材料预算执行情况分析

在第十年的第一季度，公司与 ×× 科技有限公司签订了关于购买 M1、M2、M31、M32 四种原材料的合同。如表 2-8 所示的是根据合同编制的采购量统计表。

表 2-8 M1、M2、M31、M32 采购量的统计表

摘要	第1季度	第2季度	第3季度	第4季度	合计
M1	20 211	0	0	0	20 211
M2	15 158	0	0	0	15 158
M31	15 158	0	0	0	15 158
M32	30 316	0	0	0	30 316

此次采购供货率为 100%，产品合格率也为 100%，发货为一次。基于第九年原材料消耗量较大，库存剩余不多，因此本年度 4 种原材料所需要的采购量的制定直接依据的是销售部与市场部提供的订单数据进行原材料需要量的推算，再基于原材料合格率假设为 95% 的考虑而进行了调整，如表 2-9 所示。

表 2-9　M1、M2、M31、M32 采购金额统计表　　　　单位：元

摘要	采购总量	单价	购买金额	应交税额	总购买金额
M1	20 211	154.85	3 129 673.00	532 044.00	3 661 718.00
M2	15 158	207.10	3 139 222.00	533 668.00	3 672 890.00
M31	15 158	372.40	5 644 839.00	959 623.00	6 604 462.00
M32	30 316	228.00	6 912 048.00	1 175 048.00	8 087 096.00

在原材料单价问题的洽商上，本次购买达到批量折扣 2，因此获得 5%的批量折扣优惠，而本次付款方式采取即时付现的方式，又可以获得 5%的现金折扣，即替公司节省 941 289.00 元的采购费用。另外，由于是第一次进行业务合作，××科技有限公司提出承担 50%的运输费用，并由××公司承担运输业务的办理。可以说此次采购有效地降低了采购成本，做得比较成功。

（二）设备预算执行情况分析

按照生产部生产规模的设定，未购买任何设备。

三、采购预算执行情况总结评估

（一）原材料采购总结评估

根据预算时制定的数据与合同签订的数据做一个比较，具体如表 2-10 所示。

表 2-10　预算金额与实际采购金额对比表　　　　单位：元

摘要	第 1 季度	第 2 季度	第 3 季度	第 4 季度	合计	单价	购买金额
M1（合同）	20 211	0	0	0	20 211	154.85	3 129 673.00
M1（预算）	8 100	8 100	8 100	8 100	32 400	161.00	5 216 400.00
M2（合同）	15 158	0	0	0	15 158	207.10	3 139 222.00
M2（预算）	5 850	5 250	5 250	5 250	21 600	215.50	4 654 800.00
M31（合同）	15 158	0	0	0	15 158	372.40	5 644 839.00
M31（预算）	6 000	6 000	6 000	6 000	24 000	388.00	9 312 000.00
M32（合同）	30 316	0	0	0	30 316	228.00	6 912 048.00
M32（预算）	12 000	12 000	12 000	12 000	48 000	237.00	11 376 000.00

则可比较：预算时总购买金额（不含税）为 30 559 200.00 元，合同签订时总购买金额（不含税）为 18 825 782.00 元，由于第十年订货会上公司所获得的订单量比生产预计时要少，并且预算的单价没计算批量折扣及现金折扣，因此出现了预算金额大于实际采购金额的情况。

在采购此次原材料时，比往年有了更加充分的比价。×× 科技有限公司与 ×× 科技有限公司提供相同的原材料单价，并可给予相同的批量折扣及现金折扣，但 ×× 更胜一筹的地方在于运输上的优惠，不仅代理运输业务，更愿意承担 50% 的运输费用。建议往后采购时在与供应商进行良好的沟通洽商同时，可进行大胆充分的比价，为公司获取更多的优惠，节省采购成本，努力做到采购最优。继续让采购行为紧紧围绕公司经营计划进行，为满足生产而服务，体现采购工作的真正意义所在。

（二）设备采购总结评估

按照生产部生产规模的设定，未购买任何设备。此次设备采购计划的空白情况出现主要有两个原因：原因一是 ×× 租赁公司的生产线等相关设备已全部租出，办理不了新的租赁合同（续租合同除外）；原因二是订货会上获得的订单低于生产部的预计。综合而言，根据生产部最新数据，不需要购买任何设备，反而可以将两套动力设备折旧后卖给 ×× 设备公司。

实务中，不同的采购物料的预算评估内容是有差异的，具体根据经营需要进行分析评估。

2.3.2　结合实际情况调整采购预算

企业在依照采购预算和采购计划开展采购活动的过程中，如果发现下列 5 种情况之一，或者在对采购预算执行情况进行分析评估时发现有下列 5 种情况之一的，需要进行采购预算调整。

①企业经营方向发生变更。

②外部环境发生重大政治、经济事项或宏观政策的调整。

③企业内部重大政策调整。

④市场经济形势发生重大变化，导致企业需要调整。

⑤企业受到重大自然灾害的影响。

由于采购预算的调整涉及采购活动的细节变动，因此，采购预算调整需要通过审批才能执行。而采购预算调整的审批程序要与采购预算编制的审批程序一致，且不得随意变更。

那么，在对采购预算进行调整之前，需要填写采购预算调整申请表（单），如表 2-11 所示，交由相关领导审批，通过后执行调整方案。

实用范本 表 2-11 公司采购预算调整申请单

申请部门			申请项目	
申请日期			转出项目	
调整性质	调整□　追加□　新增□		调整金额	
申请理由：（若理由合理且充分，预算调整就是必需的；若证据不充分，或逻辑不成立，不得调整预算） 1. 相对于年初做预算时外部因素是如何变化的？ 2. 外部因素变动是如何影响相关业务的？影响程度如何？ 3. 预算调整或增加是不是实现组织目标所必需的？是否有利于目标？ （基于市场、环境的变动需求提出调整申请）　申请人：　　部门负责人：				
财务（预算）经理意见：　　　　　　　预算考核提议： （基于市场或环境的变动需求、组织目标的影响）　签名：　　日期：　年　月　日				
财务总监审核：　　　　　　　　　　预算考核审批： （基于市场或环境的变动需求、组织目标的 影响、公司财务承受能力及预算管理评估）　签名：　　日期：　年　月　日				
总经理审批： 　　　　　　　　　　　　　　　　签名：　　日期：　年　月　日				

为了更有效地完成采购预算调整工作，企业还可以制定专门的采购预算管理办法，在其中规定采购预算调整的相关内容；或者在公司内部统一的预算调整管理办法中做规定，以此指导企业的采购预算调整工作。

2.3.3 通过采购预算管理制度进行监控

无论是采购预算的编制，还是采购预算的执行，又或者是采购预算的分析、评估和调整，要想顺利进行，可以制定专门的采购预算管理制度或办法，将这些内容都做明确的规定。

下面先来看一个范本。

实用范本 **采购预算管理办法**

第1章 总则

第1条 目的

为了提高资金的利用率，有效地降低采购成本，特制定本办法。

第2条 适用范围

本办法适用于本企业内部采购部门的日常采购活动。

第3条 职责划分

采购部负责组织编制年度、季度、月度采购预算，并严格监督与控制其执行情况。

第2章 采购预算的编制

第4条 形成采购需求

采购员参与生产计划的制订和变动调整工作，形成物资需求计划。

第5条 编制月度采购预算

采购员每月1日根据以下资料，结合采购预算结果、月底物资库存量、安全库存量和采购提前期等因素，编制月度采购预算。

1.各需求部门递交的采购计划申请书。

2. 阅读材料、备件、固定资产需求计划。

3. 仓储部门递交的月度存货收发存报表。

4. 物资需求计划等。

第6条 提交月度采购预算

采购员根据历史交易价格和供应商提供的到货信息，在月度采购预算表上填制价格信息和预计到货日期后，提交正式的月度采购预算，经采购经理审核确认后，提交总经理审批。

第7条 预算审批控制

对于预算计划外的采购，必须先经采购经理、总经理、董事长审批后，再送至财务部进行核准并划拨款项，然后由采购部进行具体实施。

第3章 采购预算的执行

第8条 采购预算执行方式的选择

采购部应根据采购物资的使用情况、需求情况、采购频率和价格稳定性等情况选择最佳采购方式。

第9条 采购预算执行的要求

在采购预算执行过程中，必须遵循以下3项要求，在保证采购质量的同时控制采购支出。

1. 采购人员必须对供应商的产品质量、性能报价、交货期限和售后服务等做出评价，以供选择时参考。

2. 采购时必须以合理的价格取得较高质量的物资。

3. 采购人员须按照使用部门的需要日期和需要数量联络供应商及时供应，降低公司的缺货成本。

············

从上述范本展示的采购预算管理办法可知，其内容主要围绕采购预算的编制、执行和评价这一整套流程进行规定。

工作梳理与指导

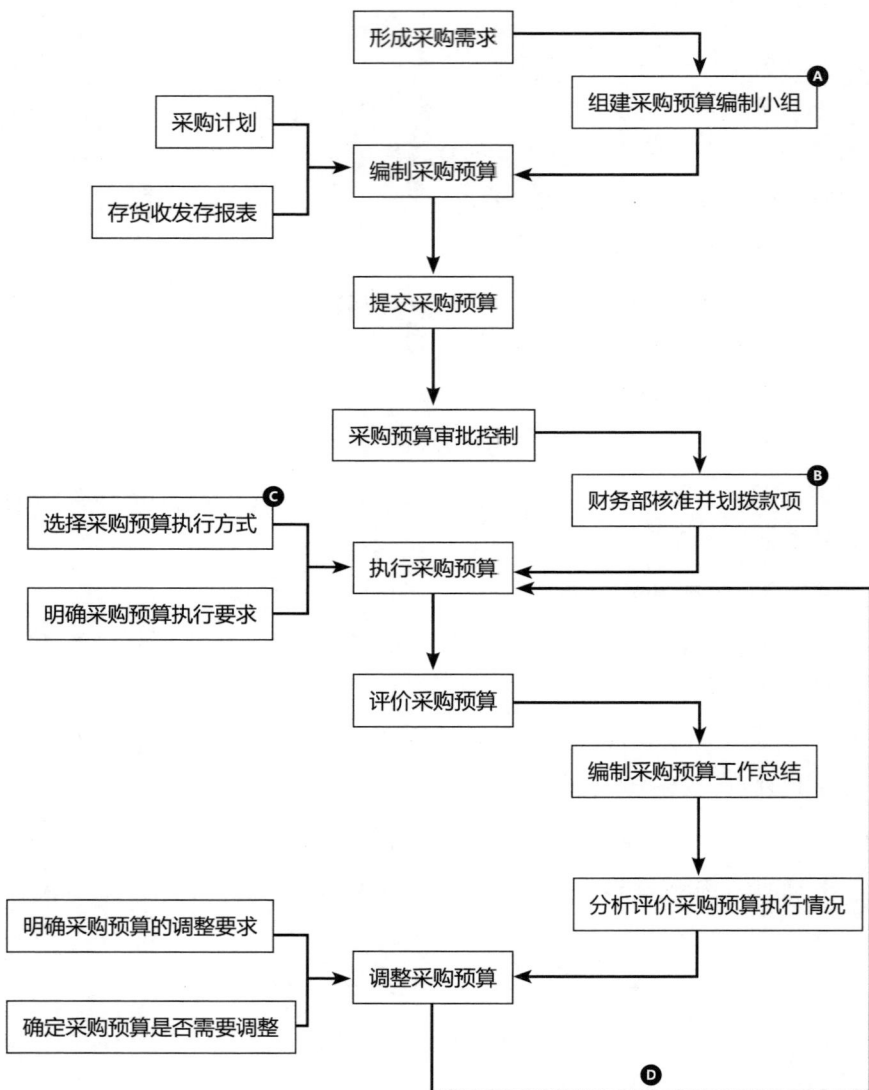

```
                                    形成采购需求
                                                        组建采购预算编制小组  (A)

采购计划
                    编制采购预算
存货收发存报表

                    提交采购预算

                    采购预算审批控制
                                            财务部核准并划拨款项  (B)

选择采购预算执行方式  (C)
                    执行采购预算
明确采购预算执行要求

                    评价采购预算

                            编制采购预算工作总结

                            分析评价采购预算执行情况

明确采购预算的调整要求
                    调整采购预算
确定采购预算是否需要调整
                                            (D)
```

流程梳理

Ⓐ 企业的采购预算编制工作六部分由财务部完成，为了能协助财务部编制出准确、合理且可行的采购预算，采购部门应组织采购预算编制小组，专门负责协助财务部做好采购预算的编制工作。

Ⓑ 针对企业编制的采购预算，要通过采购预算审批后才能由财务部放款，采购部也才能拿着这笔预算经费开展具体的采购活动。而采购预算的审批主要由财务部进行，核准后通知出纳人员向采购部采购申请人或采购经办人发放采购款项。

Ⓒ 选择采购预算执行方式实际上就是选择采购方式，因为开展采购活动实际上就是在执行采购预算。在选择采购方式时，一定要选择适合所购物资或者采购频率要求的采购方式，不能贪图省事而随意选择，必要时还可以结合多种采购方式进行采购。

Ⓓ 当企业对当期的采购预算执行情况进行评价分析后，就能判断当期实际采购活动是否与采购预算和采购计划有偏差，偏差大或小，进而结合下一期的生产经营目标，决定是否调整下一期的采购预算。一般来说，企业在经营过程中的经营状况和环境都是不断变化的，因此采购预算需要定期调整。

答疑解惑

问： 采购计划不能直接与库存管理相结合导致库房货物囤积、资金紧张，该怎么办？

答： 首先，采购部协同相关部门进一步完善采购流程，制定相应的采购制度；其次，根据生产计划订单，结合项目实际进展情况以及所需物料供应周期等，制订采购计划。

问： 由于供应商数量太多，采购价格混乱，无法进行比价管理怎么办？

答： ①根据物料进行合理分类，根据分类将采购任务分配给采购人员；②实行企业"内部标准化"，建立《物料采购价格一览表》；③系统设定标准物料单价最大额度；④严格审核物料"适时、适价、适量、适质"采购；⑤阶段性调查采购成本情况，及时发现不合理支出；⑥对采购员进行业绩评估，制定奖惩制度规范采购员行为。

问： 如何提高采购预算的科学性和精准度？

答： 在考量预算支出项目时，不仅要重总额，还要重细项，即对一些重要的细分预算项目也要引起重视，要各方面都考虑完整；避免对定额标准内的预算总额在各经济科目之间随意分配，要尽可能客观地预测各经济科目对企业经济活动的影响。

答疑解惑

问：为什么实际工作中采购预算方案设置与执行的准确度和参考性都不强？

答：①没有按照财务预算的编制原则开展方案设计工作，比如采购预算只参考采购项目内的资金预算，忽视了其他项目对采购活动的影响，如供应商竞争、采购员的主观意识等；②在编制采购预算时对采购项目明细、价格的限定范围划分不明确，导致漏算或多算等情况发生。

实用模板

辅助材料采购预算表	采购预算考核通知单	预算执行责任制度
办公用品采购预算表	预算调整与预算追加管理办法	预算授权审批制度
公司物资采购预算表	采购预算变更申请表	预算执行监控制度

第3章

开发供应商并实施关系管理

无论是对生产性企业还是对商品流通企业来说，供应商的选择和关系维护都是非常重要的，因为生产性企业要生产出产品，就必须从材料供应商处采购原材料，而商品流通企业要有商品可供出售，就必须从供应商处购得日后待售的产品。选择恰当的供应商并维持好双方的关系，对发展采购活动有很大的益处。

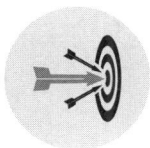

3.1　如何为企业开发高质量供应商

企业的采购工作必然会与各供应商打交道，企业与供应商属于供销合作关系。如何为企业选择优质的供应商达或合作，同时保持好双方之间的合作关系，是企业采购部门工作中的重要事务之一。

3.1.1　遵循开发供应商的基本准则

供应商开发的基本准则为 QCDS 原则，其中 Q（Quality）、C（Cost）、D（Delivery）和 S（Services）分别指质量、成本、交付和服务，这一原则的含义是质量、成本、交付和服务并重，而在这四者当中，质量因素最重要。

开发供应商的基本准则，实际上就是指导企业在选择供应商时应该怎么做。

（1）Q——有效的质量保证体系

遵循开发供应商的基本准则，首先要确认供应商是否建立有一套稳定有效的质量保证体系，然后确认供应商是否具有生产所需特定产品的设备和工艺能力。

那什么是质量保证体系呢？质量保证体系就是要通过一定的制度、规章、方法、程序和机构等把质量保证活动加以系统化、标准化和制度化。该体系的核心是依靠人的积极性和创造性，发挥科学技术的力量，其实质是责任制和奖惩。实际工作中，质量保证体系的体现就是一系列的手册、汇编和图表等。但要注意，质量保证体系不是制度化、标准化的代名词，绝不仅是停留在书面的、文件式的层面。

如何判断供应商是否具有一套稳定有效的质量保证体系呢？可从下面两点入手。

①质量保证体系主要以产品或提供的服务为对象来建立，有时也会以工序或生产过程为对象建立。如果空有质量保证体系，而缺乏相应的产品或服务，或者质量保证体系无法对生产的产品或提供的服务提供质量保证，就说明企业的质量保证体系运作效果不佳。

②质量保证体系的深度与广度取决于质量目标，没有适应不同质量水平的一成不变的质量保证体系。换句话说，企业拥有的质量保证体系如果要适应不同质量水平，就不可能是一成不变的，而如果是一成不变的质量保证体系，就不能适应不同的质量水平，也就不能算是有效的质量保证体系。

下面是某公司建立的一套公司产品质量保证体系。

实用范本 **公司产品质量保证体系**

第一章　总　则

一、质量保证体系是企业内部的一种系统的技术和管理手段，是指企业为生产出符合合同要求的产品，满足质量监督和认证工作的要求，建立必需的、全部的、有计划的、系统的企业活动。

二、为了维护公司的形象和信誉，提高公司综合效益，产品质量必须达到或高于国家标准。公司要树立……的管理思路，坚决贯彻执行……政策。

三、根据国家标准和公司的实际特制定该体系。

第二章　工艺操作标准要求

一、原料车间：

1.原料车间在主任的领导下，使原料的粒径××mm以上不得超过××%，中等颗料的不得超过××%。月累计合格率不低于××%；每天化验结果反馈到车间，月末由质检料根据化验结果考核。

2.一搅水分标准必须控制在××%左右，每天化验员将化验结果反馈到车间，月末由化验室根据成型生产情况考核。月累计合格率100%。

3.原料用料必须执行化验室提出的料掺兑料，主要依据中控室提供的数据。用料位置及配比由车间主任依据化验单据来确定。以保证需要的发热量。配料时通知化验员，化验员到现场监督。

4.原料车间一搅岗位工随时观察下料情况，发现大颗料要及时汇报到原料中控室，同时大颗料不准使用，一搅岗位工要随时随地考察一搅用水量的多少，及时与化验室取得联系。

5.必须按照顺序使用装载机挖料，且料陈化时间要在××小时以上。

二、成型车间：

1.岗位工必须严格执行中控室制定的用料顺序（没有特殊要求一般吃料必须由北向南，每个区必须吃到底，不准有剩料）及用料区间，对陈化区的储料质量，在使用过程中发现情况要及时向主任及中控室汇报。

…………

三、烧成车间：

1.干燥车间岗位工对码好坯车有权对其码坯质量提出意见，在进干燥空间之前出现倒垛现象，由码坯岗位工负责。

…………

四、产品生产料：

1.坯体干燥水分必须控制在××%以下，每天的化验结果由化验员及时反馈到中控室，月末由化验室给予总评。

…………

五、产品管理科：

1.认真监督卸砖人员的装卸过程，不许野蛮装卸，要分等装卸。

…………

有些建筑工程类的企业，会将自己的工程质量保证体系编织成一张逻辑清晰、易于查看的图示，以帮助委托施工单位了解工程质量保证体系的全流程，这可能涉及企业的机密，所以不做图示展示。

（2）C——成本分析

企业要运用价值工程的方法对供应商提供的产品进行成本分析，并通过双赢的价格谈判实现成本节约。

目前市场中的大多数企业在生产经营环节关注的更多的是人力成本和原材料成本等固定的、容易掌控的成本项目，而忽略了一些必需的、金额更难控制的费用项目，从而使企业形成浪费。为了避免发生这样的情况，企业需要进行成本分析，削减七大浪费、流程浪费并使人机系统损失最小化，从而降低企业成本。

知识扩展 什么是七大浪费和人机系统

七大浪费主要指等待的浪费、搬运的浪费、不良品的浪费、动作的浪费、加工的浪费、库存的浪费和制造过多（早）的浪费。等待的浪费主要是作业不平衡、安排作业不当、待料和品质不良等导致的；搬运的浪费主要是车间布置采用批量生产而工作站布置为水平式，没有流水线生产的观念导致的；不良品的浪费主要是工序生产没有标准用来确认，或者标准与作业未形成对比，管理不严密导致；动作的浪费主要是不规划生产场地、生产模式设计不周全和生产动作不规范统一导致的；加工的浪费主要是加工程序不优化导致的；库存的浪费主要是管理者不结合主生产计划的需要而进行局部大批量下单生产导致的；制造过多（早）的浪费主要是管理者认为过多或过早制造能提高效率或减少产能损失而导致的浪费。

人机系统指人为了达到某种预定目的，由相互作用、相互依存的人和机器两个子系统构成的一个整体系统。

因此选择供应商时，要对其进行成本分析，看是否存在浪费。

（3）D——各种促成交付的能力

在交付方面，企业要确定供应商是否拥有足够的生产能力，人力资源是否充足，有没有扩大产能的潜力等。

由于产品生产的多样量大，以及市场和客户的要求，使得企业准时交货面临很大挑战，因此在开发供应商时，如果供应商没有足够的生产能力，或者人力资源分配不合理，甚至没有扩大产能的潜力，则公司可能面临无法及时收到物料的情况，严重时导致供、产断链，进一步引起无法及时向客户交货的困难情况。

（4）S——售前、售后服务的记录

企业与供应商合作，不仅要看产品质量、企业产销能力和经营实力，还要考量其售前、售后服务的好坏，尤其是看售前、售后服务项目是否会做相应的信息记录。因为售前、售后服务的记录是双方日后关系维护的依据，也是纠纷处理的依据，做好记录就能避免"空口无凭"，双方都能减少不必要的损失，同时也为各自的信誉起到屏障作用。

3.1.2　考察供应商的实力和资质

了解了开发供应商的基本准则后，究竟企业要如何选择合适的供应商呢？这就要求企业考察供应商的实力和资质。

（1）考察供应商的实力

企业考察供应商的实力，主要从供应商具备的经营管理中的各种能力入手，如管理能力、过程控制能力和产品衡量控制能力等。

◆　看供应商的管理能力

在与供应商一方接触时，尽可能地考察其公司管理者的能力，从而窥见公司的整体管理能力。具体可以看管理者的经验是否丰富、物料的销售工作是否高效、公司的组织结构是否科学合理、是否拥有一个质量管理实体、销售部门是否有足够的权利与采购方达成供销合作关系以及整个接触过程中供应商一方的办事效率和处理问题的能力等。

◆ 看供应商对合同的理解能力

与供应商建立供销合作关系，需要签订合同来明确各自的义务和权利，因此供应商对合同的理解能力关系着双方签订购销合同是否顺利。只有双方都具备较好的合同理解能力，在签订时才能对每一个规定和要求进行深入、详细地研究，促使双方达成意见一致。

而且，对合同有较强的了解能力，也能帮助双方在修改原合同条款时更有把握，保证修改后的合同以及合同条款都有效，减少不必要的合同纠纷和麻烦。

◆ 看供应商的生产设备水平

看供应商的生产设备水平，实际上是看供应商的硬件能力。主要考察供应商生产企业所需物料或产品时用到的设备或工艺是什么？设备或工艺程序是否齐备？规格型号是否符合生产需求？设备现状是否良好？设备的使用地点是在供应商企业内部还是其他地方？生产工序是在供应商企业内部完成还是需要外包给其他生产商？有没有检查生产设备运行状况的设备？有没有相应的计量器具等。

只有供应商的生产硬件和环境符合所需物料的生产条件，才能安心地选择供应商。

◆ 看供应商的过程控制能力

与供应商建立合作关系并不是短期行为，双方在签订合同的前后都需要保持联系，供销合作是一个过程，而不是一个点。因此，考察供应商的实力不可忽视其对过程的控制能力。

看供应商对过程要求是否进行了书面化的管理，如建立文件文档，尤其是一些重要的、特殊的流程和细节；看供应商是否认真对待合作过程中的每一件事和每一个环节，出现问题是否能及时控制住场面；是否对过程中的损失有专门的信息收集和分析管理；是否对交易过程中可能出现的风险进行了预测和相关应对措施有事前安排；是否对交易过程进行了全程监控、评价和改进，是否能及时调整交易过程中的错漏等。

◆ 看供应商对产品的衡量和管理能力

企业在选择供应商时，要看它是否能及时地对自己的产品进行客观的衡量和评价，因为只有这样，供应商才能及时发现自己的问题，从而降低双方的损失，毕竟自己的产品通常只有自己最了解。

另外还要看供应商是否能预测他们生产的下一批产品的情况；看在生产过程中是否及时检查和测试了每道生产工序和用料的情况并做好了登记；看供应商一方的管理者和质量管理负责人是否熟知本企业的部门信息、车间生产情况和产品质量的综合衡量情况；对于发现的生产问题和产品问题是否有及时处理和解决的能力等。

◆ 看供应商内部的员工技术能力

看供应商的实力，还可以从其技术工人入手。技术员工的能力强，说明供应商产品质量和新颖度方面有保障，生产所需的软性条件（即知识技能）符合生产所需，就可以为双方的交易保驾护航。

◆ 看供应商知错就改的态度

看供应商在发现自己的产品或生产有问题后能否谦虚受教、知错就改？只有端正态度，发现错误就积极面对和解决，才能有效化解双方的矛盾，促进交易继续正常向前推进。

（2）审核供应商的资质

审核供应商的资质是指审查供应商是否具有生产所需购买的物料的资质、生产条件是否合规、生产环境是否标准以及生产活动的其他排污和环保问题的处理是否得到相关部门的认可等。只有供应商符合了这些资质，才能保证其有合法的经营范围，以后与其交易才不会出现大问题。

实际操作时，可对一些必要的项目要求供应商提供资质证明原件，不能提供原件的应在其提供的复印件上加盖企业公章，以示对其提供的资质证明文件承担直接的法律责任。审核资质的主要项目包括供应商的营业执照、法定代表人授权委托书原件或法定代表人身份证明原件、最近几年的财务审计报告、履行合同所必需的设备和专业技术能力的证明资料等。

实务中，可将考察的供应商的能力和资质信息以书面文件的形式进行记录和保存，以便后期进行供应商对比，如表 3-1 至表 3-4 所示为调查供应商时可能使用的表格。

实用范本　　　　　　表 3-1　供应商整体实力调查表

供应商：　　　　　　　　　　　　　　　　　　日期：　　年　　月　　日

整体实力： 1. □是　　□否　　国内前五名. 排名_____位。 2. □是　　□否　　国外知名企业在中国的分公司或设立的独资合资企业		
A. 请列出国内同行业前五位		
1.	2.	3.
4.	5.	
B. 请列出国际上同行业前五位		
1.	2.	3.
4.	5.	
C. 产品年产量：_____，年产值（万元）：_____。		
D. 请提供 ABC 这 3 条的见证性资料（行业协会排名，政府部门统计年鉴，第三方权威机构排序或新闻媒体公布）		

附见证性资料：企业信誉证明复印件

实用范本 表 3-2 供应商基本信息调查表

<table>
<tr><td rowspan="12">基本信息</td><td colspan="5">公司名称：</td></tr>
<tr><td colspan="5">详细地址：</td></tr>
<tr><td colspan="3">联系人：</td><td colspan="2">邮政编码</td></tr>
<tr><td colspan="2">电话：</td><td>传真：</td><td colspan="2">电子邮箱：</td></tr>
<tr><td colspan="3">企业曾用名：</td><td colspan="2">主管部门：</td></tr>
<tr><td colspan="2">企业性质：</td><td>总投资额：</td><td colspan="2">注册资本：</td></tr>
<tr><td colspan="2">厂房面积：</td><td>企业信誉：</td><td colspan="2">创立日期：</td></tr>
<tr><td rowspan="4">公司主要股东</td><td colspan="2">股东名称或姓名</td><td>投资额</td><td>股份比例</td></tr>
<tr><td colspan="2"></td><td></td><td></td></tr>
<tr><td colspan="2"></td><td></td><td></td></tr>
<tr><td colspan="2"></td><td></td><td></td></tr>
<tr><td rowspan="6">财务信息</td><td colspan="3">税号：</td><td colspan="2">盖税号章：</td></tr>
<tr><td colspan="3">去年销售总额（万元）：</td><td colspan="2">企业固定资产（万元）：</td></tr>
<tr><td colspan="5">流动资金（万元）：</td></tr>
<tr><td colspan="5">开户行：</td></tr>
<tr><td colspan="5">银行账户：</td></tr>
</table>

<table>
<tr><td rowspan="5">人员情况</td><td rowspan="4">主要负责人</td><td>职务</td><td>姓名</td><td>年龄</td><td>任职时间</td><td>学历</td><td>职称</td><td>联系电话</td></tr>
<tr><td></td><td></td><td></td><td></td><td></td><td></td><td></td></tr>
<tr><td></td><td></td><td></td><td></td><td></td><td></td><td></td></tr>
<tr><td></td><td></td><td></td><td></td><td></td><td></td><td></td></tr>
<tr><td colspan="8">员工总数：____人，其中本科以上____人，中专以上____人。
其中管理人员____人，工程技术人员____人。
工作班制：□一班　□两班　□三班；职工月平均工资：____元。</td></tr>
</table>

注意：财务信息须与发票一致，其他信息不得错、漏、添字，若因填写不清晰出现财务等问题由填写方负责。

附件：企业法人代表身份证明文件复印件、营业执照、企业工厂正门照片、场景照片。

实用范本 表 3-3　供应商产品情况调查表

A. 主要产品		
主要产品名称	规　　格	年 产 量

执行标准：□国际标准　　□国家标准　　□行业或地方标准　　□企业标准
产品一次合格率：＿＿＿＿＿＿＿＿＿（填合格率最高、最低产品的名称及其合格率）
＿＿＿＿＿＿＿＿＿

B. 产品认证情况：（□是　　□否　　属强制执行有关质量或安全认证行业）
通过的国内安全或质量认证：

认证名称	认证编号	认证时间	认证机构

通过的国际安全或质量认证：

认证名称	认证编号	认证时间	认证机构

注：认证证书包括 ISO9001、ISO9002、ISO14001、UL、VDE、EMC、CCEE、CE 等所有认证。

C. 产品主要技术指标：

项　　目	指　　标

附件：企业或企业产品介绍（如果是代理供应商需列出代理企业及其产品介绍）。
　　　企业或企业产品通过的各项认证的复印件。
　　　企业产品检测报告。

实用范本　　　　　表 3-4　供应商资质一览表

供应商名称：　　　　　　　　　　　　　　　　日期：　年　月　日

资质证明	有（√）	无（√）
1. 营业执照及年度信息公示证明		
2. ×× 经营许可证 / ×× 生产许可证		
3.GSP/GMP		
4. 随货同行单		
5. 相关印章备案		
6. 开户户名、开户银行及账号		
7. 质量体系调查表		
8. 生产企业条码证		
9. 身份证复印件		
10. 上岗证 / 学历证明		
11. 法人委托书		
12. 质量保证协议		
13. 首营审批表		

3.1.3　进行供应商对比选择

供应商对比是在采购或交易过程中进行多家比较或性价对比的过程。实务中，企业如果不进行供应商对比，购买价格就可能过高。所以"货比三家"是非常有必要的。

按一般逻辑来说，对供应商进行比较时需要考虑的要点和项目，可以是选择供应商时需要考虑的相关要点和项目，比如供应商基本信息、供应商的管理水平、生产设备水平、材料物资质量情况以及生产技术等。实际操作时，一般借助相应的对比表来进行供应商情况对比，更清晰了然，如表 3-5 所示为供应商选择对比表。

实用范本

表3-5　供应商选择对比表

日期：

物料名称		材质		规格		采购数量		其他要求	
供应商名称	公司规模	单价	交付周期	含税点	付款方式	联系人	联系电话	公司地址	
采购员建议									
采购经理意见									
总经理审批意见									
备注：采购员选择供应商时至少有 3 家对比，最终由总经理根据以上信息裁示									

3.2　管理供应商信息维护合作关系

一家企业要想与自己的供应商顺利完成购销合作，必然需要管理好供应商的信息，同时还要采取积极有效地措施维护好双方之间的合作关系。工作中可以通过制定相应的制度来规范供应商管理事务，同时设置必要的台账详细记录供应商信息。

3.2.1　建立供应商准入制度

这里所说的"供应商准入"是指供应商可以参与企业招标或进入企业选择供应商范围的资格。企业建立供应商准入制度，就可以先快速地淘汰一些明显不符合企业要求的供应商，缩小抉择范围，促使后续选择供应商的工作更精准。

实用范本 供应商准入制度

第一章　总则

第一条　目的

为提高 ×× 有限公司（以下简称"公司"）供应商的管理规范性，明确供应商的准入标准、评估要素、评审流程及操作规范，特制定本制度。

第二条　适用范围

本制度适用于公司业务范围内进行软硬件采购、系统建设、系统维护等活动所采用的供应商。

第二章　管理职责

第三条　系统运营部

（一）负责储备和管理与公司主营业务相匹配的供应商库。

（二）负责供应商的征集和准入评审。

（三）负责对供应商进行定期或不定期的持续评估。

第四条 财务部

（一）负责监督供应商征集、准入、操作流程的合规性。

（二）负责对与供应商合作过程的合规性、规范性进行监督检查。

（三）参与供应商准入评审，负责供应商财务状况的审核。

第五条 供应商管理员

（一）供应商管理员由系统运营部指定专人担任。

（二）负责召集评审小组，组织评审和讨论。

（三）负责录入、修改、管理供应商信息库。

第六条 总经理

负责供应商准入评审的最终决策。

第三章 供应商基本要求

第七条 通用要求

（一）必须是依法成立的企业法人，具有一般纳税人资格，有固定的生产和经营场所。

（二）遵守国家法律法规，在经营过程中无违规违约记录。

（三）财务核算规范，具有良好的资金实力和财务状况。

（四）具有与所提供的产品或服务相关的业绩。

（五）特殊行业和特种设备具有相关部门核发的资格证书。

（六）所提供的产品或服务符合国家或行业有关要求。

第八条 软件企业

…………

第九条 代理商

…………

第十条 生产商（一般指硬件生产企业）

…………

第十一条 外包方及其他

…………

第四章　供应商征集

第十二条　征集渠道

…………

第十三条　供应商推荐

…………

第十四条　供应商信息库

…………

第五章　供应商准入评审

…………

第六章　附则

…………

从该供应商准入制度的内容和结构可以看出，供应商准入制度的建立可以从目的、各部门管理职责、对供应商的基本要求、供应商征集规定以及供应商准入评审标准等内容入手。当然，在建立供应商准入制度时，对于供应商的基本要求要根据市场行情来制定，避免标准过高而使企业难以找到合适的供应商；同时也避免过低要求导致准入制度无法起到筛选、淘汰的作用。

3.2.2　登记供应商台账

台账原本是指摆放在台上供人翻阅的账簿，后来就将台账认为是流水账，包括文件、工作计划和工作汇报等。

登记供应商台账，主要是记录企业的各供应商的名称、资质情况，提供物资名称、物资规格、材质以及是否签供货协议等信息。当然，不同的公司可根据自身需要设计台账内容，如表3-6所示为某生产公司供应商台账。

实用范本

表3-6 生产公司供应商台账

制表人：　　　　　　　　　　　　　　　　　　　　　　　　日期：

序号	供应商名称	原材料	生产单位	供应商资质				是否签供货协议	是否进行现场审计	用于生产品种	备注
				营业执照	经营许可证	执行标准	获得认证				

3.2.3　建立供应商激励机制达到双赢

激励机制指通过特定的方法与管理体系，将员工对组织及工作的承诺最大化的过程。同理，供应商激励机制就是将供应商对企业的承诺最大化的过程。

机制是各要素之间的结构关系和运行方式，供应商激励机制就是将企业对供应商进行的激励措施和方法等进行归纳、总结，形成规范的激励规定和激励实施程序。

通常来说，供应商激励机制的主要内容包括激励主体和客体、激励目标和激励手段，具体内容如表 3-7 所示。

表 3-7　供应商激励机制的主要内容

机制内容	具体内容
激励主体和客体	激励主体指激励者，在供应商激励机制中指企业。激励客体指被激励者，即激励对象，在供应商激励机制中指供应商
激励目标	通过某些激励手段调动企业和供应商的积极性，兼顾合作双方的共同利益，使供需双方的合作更顺畅，实现购销双方共赢的目标
激励手段	激励手段一般分正激励和负激励，正激励就是常见的正向强化、正向激励的措施；负激励就是负强化，通常是一种约束或者一种惩罚，阻止供应商采取某种行为来破坏企业的利益

对于上表提到的对供应商实施的激励手段，大致可以分为如下 4 个方面。

价格激励。很显然，高的买价对供应商来说就能激发他们的积极性，而不合理的低价就会挫伤他们的积极性。但实务中，由于企业在选择供应商时尽可能地强调低价格购买，所以往往会选择报价较低的供应商，同时就会把一些报价较高的供应商拒之门外。这样一来，不仅会影响所购物料或产品的质量，还会丧失优质的供应商。因此企业在选择供应商时，要更注重所购物料或产品的质量，不要过分压低价格，合理的产品价格让供应商也有利润可赚，双方都获得利益，实现双赢。

量的激励。这里的量可以是订单数量，也可以是总的购买量。企业在采购计划和预算内，向长时间合作的供应商订购尽可能多的产品数量，这样增加了供应商的业绩，就会进一步激发供应商供货的积极性，为后面按时交货奠定基础，对企业来说也是有利的。

产品的共同开发和投资。企业生产经营所需的新产品，以及因此需要供应商具备的新技术等，企业和供应商可以实行共同开发和投资，这样既可以让供应商全面掌握新产品的开发信息，又有助于企业更深入了解新技术，互利互惠。新技术的作用和新产品的性能、质量等，都关乎着供应商和企业的双方利益，这样就会促使供应商和企业保持良好的合作关系。

淘汰激励。这是一种典型的负激励，以优胜劣汰原则督促供应商进步，给供应商适当地营造出一种危机感，使他们为了避免被淘汰而更专注于提供的物料或产品的质量，从而保证企业所购物料或产品的质量。

至于还有其他一些对供应商的激励手段，需要各企业在与自己的供应商合作过程中不断地去发现、探究。

对企业来说，建立供应商激励机制，就是要逐渐建立起一种稳定可靠的供-需关系，同时与供应商建立互相信任的关系，通过一些激励措施来监督、控制合作双方的交易行为。下面是某公司供应商激励机制下建立的供应商奖惩制度。

实用范本 供应商奖惩制度

一、目的

为了规范供应商管理，促使各供方不断建立和完善质量保证体系，提高整体素质和质量能力，保证稳定、及时地提供满意的产品质量和服务，特制定本制度。

二、范围

适用于××公司的原材料供应商。

三、职责

1. 质管部负责质量情况评定。

2. 质管部负责将各供应商当月情况汇总，提出奖惩措施，经质管、采购会签后上报公司领导，提交财务部和供应商。

3. 财务部按奖惩措施执行。

四、考核办法

1. 供应商处罚办法采用扣分制，扣分无下限。

2. 每月考核以 10 分为基准，低于 6 分判定为不合格。

3. 连续一个月内同规格材料出现同样问题两次以上且批量退货、质量问题严重，直接判定为不合格。

4. 连续两个月的考核不合格，限期整改；连续三个月考核不合格，取消其合格供应商资格。

5. 连续三个月以上考核在 9 分以上的供应商，给予无质量异常的奖励；并在年度终了向其兑现实质性的奖励，并邀请其参加由企业举办的各项训练和研习活动。

五、扣分条款

1. 送货的材料质量有问题，扣 2 分（包括在进货检验和生产现场及在顾客处发现的质量问题）。

2. 批量退货的，评估质量问题严重性后，扣 2～3 分。

3. 连续两批由于同样问题出现退货的，扣 2～5 分。

4. 交货方式未按照要求的，如交货包装形式、随附质保单、产品标识等，扣 1 分。

5. 整改报告未按照时间反馈的，扣 1 分。

6. 对提出的整改措施未如期执行的，扣 1 分。

7. 检查发现送货单记录的送货规格与实物规格不符，扣 1 分。

8. 材料以次充好的，材质以低级别代替高级别的，扣 2～5 分。

9. 质保书不能与材料相对应的，扣 1 分。

10. 对于涉及多项扣分项的情况，累计全部扣分项扣除。

六、严重质量问题扣款条例

1. 物料以次充好的，一经查实，罚本次订单货款的 ×%，直接从货款中扣除。

2. 连续两批由于同样问题出现扣分达到 4 分以上的，扣罚 × 元，直接从货款中扣除。

3. 考核低于 6 分的，扣罚 × 元，直接从货款中扣除；连续两个月低于 6 分的，扣罚 × 元，直接从货款中扣除；连续 3 个月低于 6 分的，直接取消供应商资格。

4. 对材料在生产现场及顾客处发现的质量问题，产生的实际相关费用全部由该供应商承担，并扣除考核分 3 ~ 5 分。

实际工作中，对供应商的奖惩制度往往伴随着对供应商的考核内容。

3.2.4　与供应商建立双向沟通

企业要与供应商建立双向沟通,很重要的前提条件是平等、尊重和双赢。那么，企业与供应商之间如何建立双向沟通呢？

◆　树立强烈的沟通意识，尊重对方

企业在选择供应商时，对一些供应商提出的建议也要虚心聆听，不能一味地以自我标准来处事，要尊重每一位合作的供应商以及潜在的供应商。多了解情况，多询问细节，以综合考量双方的意见和建议为指导进行沟通。

◆　供需双方对对方的信息和目标要有一定了解

企业与供应商在达成合作的过程中，要对对方企业的信息和经营目标等有一定的了解，比如双方可以组织到对方企业进行参观。实地考察是充分沟通的一种比较有效的途径，只有对对方的情况有了大致的了解，才能在合作中更好地适应对方，维护好合作关系。

◆ 关心对方对自己公司、管理层和公司文化的看法

重视对方对自身公司、管理层和公司文化的看法，从中抓取对方对自己的关注点，然后"对症下药"，扬长的同时，还要加强对短处的改善，以促进双方达成良好合作。

◆ 供需双方对沟通信息给予及时反馈

无论是采购企业，还是供应商，对与对方进行沟通时所收集到的信息，要进行及时的研判，从而向对方给予及时的反馈，使双方之间的信息沟通尽可能地避免时间差，减少信息不对称的可能性。

不管怎样，采购企业与供应商之间的双向沟通最基本的就是要设身处地为对方着想，双方的行事要尽可能地同步，做到沟通无障碍。

3.3　定期考核供应商合作效益

为了帮助企业建立一个高质量的供应商库，就需要在与供应商合作的过程中，对供应商与企业的合作效益进行考核，从而不断淘汰那些合作效益不高的供应商，留下来的就会是与企业有着良好合作关系且双方合作可以达到双赢的供应商。

3.3.1　构建供应商绩效考核体系

供应商绩效考核指企业对现有供应商的日常表现进行定期监控和考核，主要是对重要供应商的商品质量进行定期检查。

对供应商进行考核评估，了解关键供应商的绩效，不仅可以挑选出最好的、可信赖的供应商，也可以与供应商保持良好的合作关系，提高对整个供应链运作的预见性，避免突发事件造成的不良影响。

通常，供应商绩效考核体系就是供应商绩效考核指标体系，主要作用是用来科学、客观地反映供应商供应活动的运作情况。在构建指标体系时突出重点，对关键指标进行重点分析。在供应商绩效考核体系中，主要的指标有质量指标、供应指标、经济指标以及支持、配合与服务指标。如表3-8所示是对这些指标的说明。

表 3-8　供应商绩效考核体系中的重要指标

考核指标	说　　明
质量指标	这是供应商绩效考核中的基本指标，包括来料批次合格率、来料抽检缺陷率、来料在线报废率和来料免检率等，其中来料批次合格率最常使用。另外，有些企业还会将供应商体系、质量信息、供应商是否使用和如何使用SPC进行质量控制等纳入绩效考核中
供应指标	又称企业指标，主要考核供应商的交货表现和企划管理水平，最主要的指标包括准时交货率、交货周期和订单变化接受率等
经济指标	该指标通常与采购价格和成本相关，一般每季度考核一次，这也与质量指标和供应指标通常每月考核一次有明显不同。经济指标一般用于定性考核，难以量化，考核的内容主要有价格水平、报价是否及时、降低成本的态度和行动、是否愿意分享降价成果以及付款等。比如考核供应商的报价与市场平均水平的差异，报价单是否客观、具体且透明，是否真诚地配合采购方或主动开展降低成本的活动，是否定期与采购方协商价格，是否愿意将降低成本的好处与采购方分享，是否积极配合相应采购方提出的付款条件、要求和办法，开具的付款发票是否准确、及时且符合有关财税规定。实务中，有些企业还会将供应商的财务管理水平与手段以及财务状况等纳入经济指标考核中
支持、配合与服务指标	与经济指标一样，该指标也是对供应商进行定性考核，主要是看供应商在支持、配合与服务等方面的表现，相关指标有反应表现、沟通手段、合作态度、共同改进、参与开发以及售后服务等。看供应商对订单、交货和质量投诉等反应是否及时、迅速，答复是否完整，对退货和挑选等是否及时处理；看供应商一方是否有合适的人员与企业沟通，沟通手段是否符合公司的要求；看供应商是否将本公司看作重要客户，其高层领导或关键人物是否重视本公司的要求；看供应商是否积极参与或主动参与公司相关质量、供应和成本等改进项目或活动；看供应商是否主动征询公司意见；看供应商是否积极接纳企业提出的有关参观和访问事宜等

知识扩展 订单变化接受率

订单变化接受率包括供应商能够接受的订单增加接受率和订单减少接受率，实务中，这两项接受率往往是不同的。订单增加接受率取决于供应商生产能力的弹性、生产计划安排和反应快慢以及库存大小和状态等；而订单减少接受率主要取决于供应商的反应、库存大小以及对因减少订单可能造成的损失的承受力。

在供应商绩效考核体系下，企业可以制定规范的供应商绩效考核制度或办法来明确考核事宜。

实用范本 供应商绩效考核管理办法

一、目的

通过对供应商业绩的评价，保证采购渠道满足公司产品战略发展需求，确保采购能力满足公司持续发展的要求。

二、范围

本办法适用于所有原辅材料、外协加工件的合格供应商绩效考核。

三、考核管理细则

1. 责权

（1）质量部：验收外购原辅材料、外协件并做好记录，参加对供应商的评价，参与最终确定合格供应商资格。

（2）物控部：核对订单交货期，并做好记录。

（3）采购部：负责价格水平和服务水平的评分，综合其他部门考核结果，建立、保存供应商业绩档案，列出各个供应商的评价等级，确定供应商业绩及供货比例、供货资格，依照规定进行奖惩。

2. 供应商业绩评价流程

（1）各归口部门根据物料的重要程度定期分别对供应商业绩进行评价，评分方法见供应商评价标准，填写《供应商绩效考核汇总表》，如表3-9所示，于次月5日前报采购部。

（2）采购部收集、汇总各部门的评价结果，每季度对供应商进行一次综合评定并按照评定总分的高低分值，一次将供应商定为"A、B、C、D"4个等级，具体等级标准如下：

A 级：综合绩效 91～100 分，奖惩情况为新产品优先开发采购，下季度货款酌情缩短付款账期或支付一定比例现汇。

B 级：综合绩效 81～90 分，奖惩情况为对其采购策略维持不变，要求其对不足的部分进行整改，并将整改结果以书面形式递交。

C 级：综合绩效 71～30 分，奖惩情况为减少采购量或暂停采购，要求其对不足的部分进行整改，并将整改结果以书面形式递交，采购部对其整改结果进行确认后决定是否继续正常采购。

D 级：综合绩效 70 分以下，奖惩情况为将其从"合格供应商名单"中删除，终止与其的采购供应关系。

（3）评价结果由各评分部门会签后，报送分管副总、总经理。

3. 供应商综合评定的作用

供应商综合评定是制订采购计划的重要依据，采购计划的制订应遵照如下原则。

（1）独家供货

…………

（2）有两家以上同时供货

…………

4. 供应商年度评审

…………

5. 供应商评价标准

…………

6. 考核周期

…………

附件：……

实用范本　　　　表 3-9　供应商绩效考核汇总表

供应商名称	供货范围	年　月考评统计				
		质量	成本	交期	服务	评级
1						
2						
3						
4						
备注：零星供应商不参与考评						
考评分标准：考评分 = 质量分 + 成本分 + 交期分 + 服务分						

1. 质量（35 分）= 制程 PPM ≤ 400 值评分，每增加 100 分扣 1 分（PPM 值 = 不良数 / 交货数 ×1000000）

2. 成本 （15 分）=	价格因素	长期配合，能替代市场价格上涨	5 分
		符合市场被动情况的发生价格变化	2 分
		市场无波动，主动上涨	0 分
	降本因素	自身提成合理改善降本	5 分
		配合我司降本	2 分
		不配合我司降本	0 分
	配合度	合同配合度，如接受承兑或月结	5 分
		不大配合付款手续	2 分
		不接受我司付款方式	0 分

3. 交期（30 分）=30 ×（总批数 − 数量不符批数）÷ 总批数

4. 服务 （20 分）=	反应表现	对订单、交货、质量投诉等反应是否及时、迅速，答复是否完整，对退货、挑选是否及时处理	4 分
	合作态度	是否将本公司看成是重要客户，供应商高层领导或关键人物是否重视本公司的要求，是否有合适的人员与本公司沟通，沟通手段是否符合本公司的要求	4 分

续上表

4.服务 （20分）=	共同改进	是否积极参与或主动参与本公司相关的质量、供应、成本等改进项目或活动，或推行新的管理做法等，是否积极组织参与本公司共同召开的供应商改进会议，主动解决或预防问题	4分
	参与开发	是否参与本公司的各种相关开发项目，是否参与本公司的产品或业务开发过程	4分
	其他支持	是否积极接纳本公司提出的有关参观、访问事宜，是否积极提供本公司要求的新产品报价与送样，是否妥善保存与本公司相关的文件等不予泄露，是否保证不与影响到本公司切身利益的相关公司或单位进行合作等	4分

评分标准：A级——考评得分＞90分，B级——80分＜考评得分≤90分，C级——70分＜考评得分≤80分，D级——考评得分≤70分

编制：	审核：	批准：
地址：××××××××		电话：××××××××

3.3.2　组织并实施绩效考核

企业在组织并实施供应商绩效考核前，需要明确这类考核的目的和原则，以及具体的考核范围，这样才有助于顺利实施、有效地完成。如表3-10所示是对这些内容的说明。

表 3-10　供应商绩效考核的目的、原则和范围

项目	说　明
目的	供应商绩效考核的主要目的是确定供应商的供应是否能按照企业的要求按时、按质地完成订单，同时进行比较，发现、保留和巩固优秀供应商，淘汰绩效差的供应商
原则	①持续性原则，定期对供应商进行考核，可促使供应商改进质量和服务，从而提高供应质量。②充分考虑环境影响因素原则，排除环境因素对供应商供货的影响，从而找到真正属于供应商本身的影响因素。③以供应链整体运营效率为导向确定评价指标原则，选出企业和供应商都认同的考核标准

项目	说　明
范围	不同的企业对于供应商考核要求是不同的，所以对应的考核范围也会不同。常见的考核范围是供应商的交货质量、交货表现以及支持与服务等，有些企业与供应商有专门合作，如共同开发产品的，还会对供应商参与本公司产品开发的表现进行考核

实际工作中，供应商绩效考核的组织与实施大概分为如下 4 个流程。

◆　流程一，确定绩效考核目标

要做好供应商绩效考核工作，首先要明确考核的目标，这样才能引导企业有目的地对供应商进行针对性的绩效考核。

◆　流程二，确定绩效考核指标和标准

结合供应商绩效考核目标，确定绩效考核的具体指标以及相应的标准（值）。这样，后期在对供应商绩效进行评估考核时，就有具体的判断依据，来分析判断供应商对于企业的绩效是好还是坏。

◆　流程三，组织实施绩效考核

利用专业的方法对供应商绩效进行客观、科学的考核，过程中需要建立一个团队来控制和实施供应商绩效考核。而这个团队的成员主要是来自企业的质量、生产和采购等与供应商有关的部门。

考核过程中可能涉及的内容包括供应商合同实施情况、交付绩效、现场考核以及文件评审等。以收集到的数据为基础，结合考核指标的特征和标准，利用科学合理的方法得出供应商综合绩效得分，然后进一步对供应商进行分级，筛选出优质的供应商，以便日后与之建立进一步合作关系。而对需要有所改进的供应商，及时提出建议，帮助他们提升供应水平。

◆　流程四，绩效考核结果反馈

企业要及时将对供应商的绩效考核结果反馈给各供应商，让双方及时发现合作过程中存在的问题，从而促进沟通并解决问题。

3.3.3　供应商绩效考核后的结果处理

从 3.3.1 和 3.3.2 节的内容中也可以看到，企业对于供应商绩效考核结果的处理，大多是根据供应商考核等级决定。

考核等级较高的，如考核综合得分达到 91 分及以上的，就会考虑在原来的采购量基础上增加采购量，并且缩短支付货款的时间，甚至还会与这样的供应商合作开发新产品。

考核等级一般的，如考核综合得分在 81 ~ 90 分的，基本上就只是维持原来的采购量、原有的付款方式以及付款时间等，不会向供应商增加采购量。同时还会要求这类供应商对其供应有瑕疵的部分进行整改，整改结果以书面形式递交给企业。

考核等级不十分理想的，如考核综合得分在 71 ~ 80 分的，企业会适当减少采购量或者暂停采购，同时还会要求这类供应商对其供应有瑕疵的部分进行整改，整改结果以书面形式递交给企业，由企业采购部门对整改结果进行确认后决定是否继续向该类供应商正常采购。

考核等级很差的，如考核综合得分在 70 分及以下的，企业会直接将其从"合格供应商名单"中删除，终止与这类供应商的采购供应关系。

当然，不同的企业对各自的供应商进行的绩效考核会有不同，而针对考核结果的处理办法也会有差异。但按照常理来说，如果供应商的绩效考核结果很好，企业肯定是愿意继续与其保持良好的合作关系，并且加大采购力度；反之，对于绩效考核结果非常不好的供应商，企业就不会再想与之合作，因为这样的供应商很有可能影响企业的生产经营，甚至影响盈利。而对于不同考核结果的供应商的具体处理措施，还是要看企业自身的实际发展情况和经营需求。

工作梳理与指导

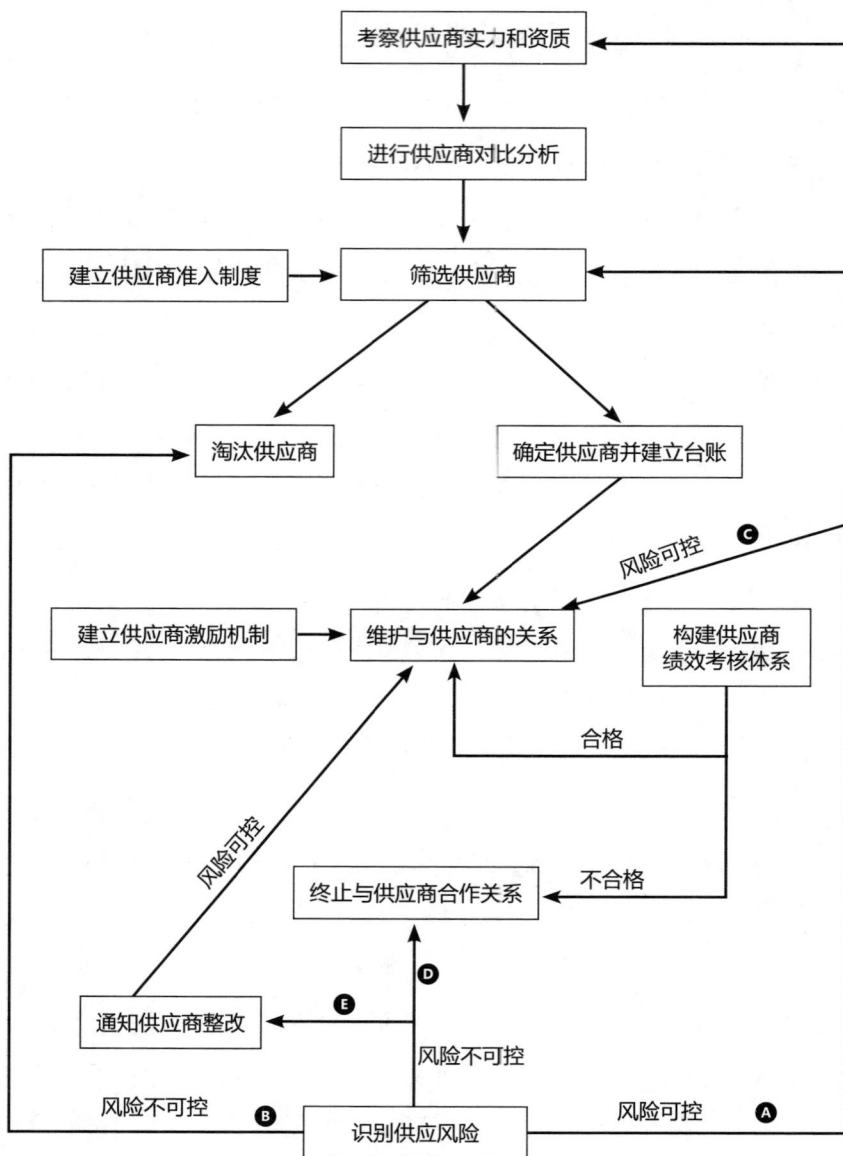

```
                        考察供应商实力和资质  ←──────────┐
                              │                          │
                              ↓                          │
                        进行供应商对比分析                 │
                              │                          │
                              ↓                          │
     建立供应商准入制度 ──→    筛选供应商    ←──────────────┤
                          ╱          ╲                   │
                        ↙              ↘                 │
              淘汰供应商          确定供应商并建立台账        │
                  ↑                      ╲                │
                  │                       ╲    风险可控 ●C │
                  │                        ↘              │
   建立供应商激励机制 ──→  维护与供应商的关系  ←─ 构建供应商    │
                  ↑              ↑            绩效考核体系   │
                  │              │                │       │
            风险可控│              │    合格        │       │
                  │              └────────────────┤       │
                  │                                │       │
                  │         终止与供应商合作关系  ←─ 不合格    │
                  │              ↑                         │
                  │           ●D │风险不可控                 │
          通知供应商整改  ←── ●E ──┤                         │
                              风险不可控                     │
                                                          │
   风险不可控 ●B    识别供应风险            风险可控 ●A ────────┘
```

按图索技

A 当采购企业在对供应商的实力和资质进行考察之前就识别和评估了供应商可能给企业带来的供应风险，如果发现风险可控，就可以将该供应商列入选择范围，进一步考察供应商的实力和资质；当采购企业在筛选供应商的过程中对目标供应商进行供应风险识别和评估时，如果发现风险可控，就可以确定该供应商为企业以后的合作伙伴，进一步建立供应商台账。

B 当采购企业在筛选供应商的过程中对目标供应商进行供应风险识别和评估时，如果发现风险不可控，就需要及时淘汰该供应商，为企业减少风险带来的损失的可能性。

C 当采购企业在对合作的供应商进行供应风险识别时，如果发现风险可控，则继续维持与供应商的合作关系。

D 当采购企业在对合作的供应商进行供应风险识别时，如果发现风险不可控，就需要及时终止与供应商的合作关系。

E 当采购企业在对合作的供应商进行供应风险识别时，如果发现风险不可控，可以通知供应商对供应不足的地方进行整改，至风险可控后继续维持与供应商的合作关系。

答疑解惑

问：当供应商内部人员复杂不稳定时，是不是一定要放弃合作呢？

答：内部人员复杂而不稳定的供应商，对采购企业来说会付出很高的维护成本，但如果这类供应商是优质供应商，企业又不愿意放弃合作，此时采购企业要协调好各部门的关系，制定严格、科学的供应商绩效考核制度，不轻易否定供应商，争取双方能达成长期、稳定的合作关系。

问：公司的供应商流失很快且新供应商开发难度太大怎么办？

答：①对采购人员进行培训；②与供应商签订廉洁协议；③做好市场调研，制订合理的降本计划，适当降低供应商准入条件；④对老供应商进行跟踪调查，了解他们与公司的合作意愿，同时进行必要的供应商激励。

问：产品订单量少且目标价格低导致供应商不愿意接单怎么办？

答：①采购企业向供应商整批下单，并约定供应商可以分批交货；②采购企业自己向供

答疑解惑

应商提供生产所需的材料，解决供应商小批量订单备料的劣势，使供应商专注于产品质量和生产。

问：企业与供应商保持传统竞争关系模式还是现代双赢关系模式?

答：企业与供应商之间的传统竞争关系模式是指采购企业同时向若干供应购货，通过供应商之间的竞争获得价格好处，并通过在供应商之间分配采购数量来对供应商加以控制，这种关系模式只能让采购企业和供应商产生一种短期合同关系，不适合维系长期合作关系。而企业与供应商之间的双赢关系模式指采购企业对供应商给予协助，帮助供应商降低成本、改进质量、加快产品开发进度，通过建立相互信任的关系提高效率，降低交易或管理成本，这种关系模式中双方建立的长期信任可以形成一段长期合作关系，供销双方之间的信息交流会比较多。

实用模板

供应商资格申请表   供应商推荐审核表   供应商技术考察意见表

供应商业绩评价结果反馈单 供应商设备能力调查表   供应商分类台账

供应商信息比较表

供应商主要材料和生产环境情况调查表

供应商供货历史状况及质量保证能力调查表

第4章

采用询价采购方式简单易行

市场经济中，不同组织形式的企业或单位常用的采购方式是不同的，甚至组织形式相同的企业或单位其常用的采购方式也会不同。本章主要介绍询价采购方式，这种采购方式下采购企业占先导地位，先向供应商发出询价单，然后才有后续的一系列采购流程。

4.1　认识询价采购方式

询价采购指采购人向有关供应商发出询价单让供应商报价，在报价基础上进行比较，并确定最优供应商的一种采购方式。它具有3个明显的特点。

①邀请报价的供应商数量至少为3家。

②报价的提交形式可以是电传，也可以是传真。

③报价的评审应按照买方公共或私营部门的良好惯例进行，采购合同一般授予符合采购实体需求的最低报价的供应商或承包商。

经过市场实践证明，这种采购方式存在以下一些劣势。

◆　询价的信息公开面较窄

询价的信息一般局限在有限少数供应商之间传递，很少在政府采购信息发布指定媒体上发布询价公告。而且只要满足于3家供应商参与的最低要求，就能开展，所以排外现象比较严重。

询价采购的询价项目信息一般不公开，不仅外地供应商无法得知相关采购信息，而且当期供应商也会被"蒙在鼓里"。再加上一些询价项目涉及的金额较大，一旦询价信息不公开，就会给代理机构和采购人员进行"暗箱操作"提供便利。

◆　询价采购方式容易被错用、滥用和乱用

询价采购方式有其特有的适用范围，而在实际工作中，一些企业以采购项目的概算大小来决定是否采用询价方式，错误地认为只要招标采购解决不了的采购问题，就用询价方式采购，导致询价采购普遍存在错用、滥用和乱用问题。甚至有些企业故意借助询价来规避招标。

◆　询价采购容易导致"价格战"

因为法律规定询价采购方式是采购人根据符合采购需求、质量和服务相等且报价最低的原则确定成交供应商，所以导致很多人片面地认为询价采购就是满足需求、质量和服务相等的情况下哪个供应商报价低，就选哪个供应商。长此以往，供应商之间就会为了促成合作而形成恶性的"价格战"，采购企业也会忽视对供应商的资格性审查和服务质量考察。

另外，法律规定询价过程中各供应商一次报出不能更改的价格，而实务中采购方与被询价供应商之间常采用非现场方式询价，采购方就有机会随意更改任何一家供应商的报价，或者和其他供应商串通，将供应商的信息外泄给他们的竞争者，由此会加剧"价格战"。

◆ 确定向哪位供应商询价有很大的主观性

采购公司最终向哪些供应商询价，主要由询价小组确定，而询价小组在确定被询价供应商时免不了会掺杂自己的好恶，主观性较大。

◆ 询价采购的实际操作过于简化而引发纠纷

法律规定询价采购应制作询价通知书，而在长期的实务过程中，很多询价方（即采购方）一般不会制作询价通知书，多采取电话通知方式。即使会制作询价通知书，内容大多都不完整，往往就是一张报价表，规范性较差，有时连基本的合同条款都没有，比如价格构成、评标成交标准、保证金等关键性的内容表述不全，这样就会影响询价的公正性。甚至有些询价采购活动结束后购销双方不签订合同，双方的权利义务不明确，引发各种纠纷。

实用范本 询价通知书

我司受××音乐学校委托，以询价采购方式进行以下项目的政府采购，欢迎符合相应资格条件的供应商密封提交报价文件。

一、项目名称：×××

二、采购编号：×××

三、报价截止时间及报价文件递交地点

1. 报价截止时间：×× 年 × 月 × 日 × 时。

2. 报价文件递交地点：×××××××××。

四、采购项目内容及要求

1. 采购项目内容如表 4-1 所示。

表 4-1　采购项目一览表

序　号	货物名称	规格型号及参数	单　位	数　量

（1）本项目为整体采购，报价供应商应对所有项目做出响应，不允许拆分报价。

（2）交货地点：×××××××××。

（3）交货期：合同签订后 × 个日历日。

2. 售后服务要求：除一次性耗材及药品，其他设备及小修缮工程质保期两年。

五、报价供应商的资格要求

1. 报价供应商应具有独立的法人资格，相应的经营范围，并提供合法有效的营业执照（副本）。

2. 为保护采购人的利益，保证本次供货产品是原厂商、正规渠道的产品，报价供应商应提供报价产品的代理、经销证书或针对本项目的专项授权书等有效证明文件（证明文件应具有可追溯性，报价供应商为报价产品制造商的除外）。

3. 报价供应商必须提供法定代表人对报价供应商代表的授权书原件（报价供应商代表不是法定代表人的）及报价供应商代表的身份证原件。

…………

六、报价要求

…………

七、报价文件的组成

…………

八、成交供应商的确定原则

根据符合采购需求、质量和服务相等且报价最低的原则来确定成交供应商。

九、采购代理服务费

…………

十、其他

…………

××采购招标有限公司

××年×月×日

附件：报价文件格式

特别提示：本附件中所列的报价文件格式为询价采购中报价供应商较常采用的格式，请报价供应商按需要选择使用（并不一定全部选用）。

…………

注意，正规的询价通知书有特定的封面格式，具体格式根据实际情况设计。规范的询价通知书中还会包括一些统一的表格样式，这里暂不做展示，常见表格在本章的 4.3.1 节和实用模板中介绍。

◆ 代理机构过分介入导致询价小组不专业

有些采购代理机构的人员过分介入采购企业的询价小组，使得小组中专家数量的比例不符合法定要求。法律规定询价小组由采购人的代表和有关专家共 3 人以上的单数组成，且专家的人数不得少于小组成员总数的2/3。采购代理机构人员过分介入询价小组的表现，常见为既不通知采购企业的采购代表参加，也不邀请有关专家，使得询价小组的专业化水平很低，最后可能导致采购企业的采购质量下降。

　◆ 询价采购的后续工作不受重视

询价采购方式下，企业通常不会进行询价采购活动记录，也不现场公布询价结果，实施起来非常随意。

因为询价采购存在的这些劣势，所以该采购方式有明显的适用条件，下面3个条件需要同时满足。

①技术规格统一的货物。

②货源充足。

③价格变化幅度小。

也就是说，询价采购适合货源充足、技术规格统一且价格变化幅度小的货物采购项目。

4.2　调查采购价格并制定采购底价

采购企业在制定采购底价时，一定要结合市场行情，否则底价过高，就会导致供应商准入门槛较高，拖慢采购活动进程；底价过低，又会增加供应商筛选工作，也会降低采购效率。因此，调查采购价格很有必要。

4.2.1　确定采购价格的主要调查范围

采购企业在确定采购价格的过程中，进行采购价格调查时要规划好调查范围，这样才能有针对性地收集采购价格信息，从而使企业制定的采购底价更科学、合理。

采购价格的主要调查范围一般从影响采购价格的因素出发，具体内容如下：

（1）供应商成本的高低

供应商成本的高低直接影响其对采购方的报价。成本高，报价高，这样才有利润赚；成本低，报价可以相对较低，赚取利润的同时具有一定的竞争力。

而供应商的报价是采购企业用来参考确定采购底价的依据，偏低的供应商报价会让采购企业认为市场中对应物料的价格普遍偏低，在确定采购底价时就会适当压低价格；而偏高的供应商报价会让采购企业认为市场中对应物料的价格普遍偏高，在确定采购底价时就会适当调高价格。

（2）采购物料的供需关系

人们常说"物以稀为贵"，其实际含义是当物料的供给小于市场需求时，此时供给方占据主导地位，物料的价格就会偏高；而当物料的供给大于市场需求时，即供给有剩余，此时采购方占据主导地位，物料的价格就会偏低。

也就是说，如果调查出所需采购的物料供给大于需求，则说明市场饱和，供应商可能急于找到采购方，此时采购企业就可以适当调低采购底价；如果调查出所需采购的物料供给小于需求，供应商不愁找不到采购方，此时采购企业就需要适当调高采购底价，这样才有可能寻找到合适的供应商。

（3）需要采购的物料规格与品质

很显然，物料的规格与品质直接影响物料的价格，所以物料规格和品质也是采购企业在确定采购价格时需要调查的内容。

如果所需采购的物料对规格和品质的要求较高，市场价格也可能偏高，此时采购底价应适当偏高；相反，所需采购的物料对规格和品质的要求不是很高，则可能有很多符合要求的替代品供选择，此时供应商优势不明显，采购企业可适当调低采购底价。

（4）生产季节和采购时机

各种物料的生产季节与企业的采购时机之间有着微妙的关系。如果企业当前所需采购的物资刚好处于物料的高速生产季节，则相对于企业需求来说，供给就会偏大，此时采购企业的选择空间也会更大，就可以适当降低采购底价，也能找到合适的供应商。

如果企业当前所需采购的物资刚好处于物料的低速生产季节，则相对于企业需求来说，供给就会偏少，此时供采购企业选择的余地就会变小，为了能及时找到合适的供应商，采购企业就需要适当调高采购底价。

当然，如果企业所需采购的物料没有明显的生产旺季和淡季，则物料额生产季节与采购时机之间一般不存在筹划空间，此时依据其他调查范围来确定采购底价。

（5）采购数量是多少

企业当前所需物资的采购数量计划是多少，与市场供给量之间的对比是高还是低，也会影响企业确定采购底价。这一调查范围与"采购物料的供需关系"有异曲同工之妙，但还存在其他考量。

如果企业当前需要采购的物料数量较多，而供应商的供给明显偏少，此时采购底价可能需要偏高一些。但是，有的供应商为了促进他们自己的销售业绩，反而会向企业报低价，这样对供应商来说就能获得大额订单，争取薄利多销。所以实际操作时要根据具体情况确定采购价格。

如果企业当前需要采购的物料数量较少，而供应商的供给也不多，此时采购底价可能需要偏高一些，并且供应商很难为小额订单做出让步，所以将采购价格制定低一些的可能性较小。

如果企业当前需要采购的物料数量较多，而供应商的供给明显偏大，此时采购企业可适当调低采购底价，因为供应商为了卖出他们的产品会为"低价"买单。

如果企业当前需要采购的物料数量较少，而供应商的供给明显偏大，此时采购企业可适当调低采购底价，此时供应商也会为了卖出他们的产品而促成低价交易。

（6）交货条件

采购企业在调查供应商交货条件时，如果发现交货条件有利于采购企业，而对于供应商存在一定的不利，此时为了促成交易，可以给供应商一些"盼头"，即适当调高采购底价，相当于用钱买了有保障的交货环境。

如果发现交货条件明显利于供应商，而对采购企业要求严格，甚至存在不利影响，此时为了保障自身利益，企业就可适当调低采购底价。因为此时采购企业可以用交货条件对自身不利作为谈判筹码，让供应商让利，减少采购成本，供应商在可控范围内也是可能答应按照稍低价格销售的。

（7）付款条件

采购企业调查供应商提出的付款条件时，具体思路和交货条件相似。如果供应商要求的付款条件是便利了采购企业的，则可以适当调高采购底价，供销双方达到双赢。

如果供应商要求的付款条件是不利于采购企业的，比如会增加采购企业的付款手续支出，进而增加采购成本，则可以适当调低采购底价。因为严苛的付款条件对大多数采购企业来说都有限制，此时供应商就会失去价格协商优势，采购企业就可以从中找到低价采购的机会。

上述这些是一般的考量，具体的采购底价还需结合企业自身的采购计划、采购预算以及市场行情等情况分析确定。

4.2.2　掌握收集价格信息的渠道

采购企业在收集价格信息时，可以利用的渠道有很多。常用的有如下方面。

◆　主动向有关供应商寻求

采购企业可以向潜在供应商或目标供应商发出信息请求书，通过发出并收回这些请求书，获取供应商的价格信息。

也可以向符合采购企业要求的供应商发出报价请求书，即前面提及的询价通知书，同样可以获取供应商的价格信息。但是，这种方法只能获取供应商的期望价格信息，没办法直接获取供应商的真实价格信息，所以还需借助其他方法进一步了解。

◆　供应商产品价格目录表

如果采购企业所需采购的物料属于标准件或通用产品，而针对这些物料或产品，供应商一般会提供一个产品及价格目录，此时采购企业就可以通过查看供应商的产品价格目录表来收集价格信息，如表 4-2 所示。

实用范本　　　　　　　　　表 4-2　产品价格目录表

序号	产品名称	型号	价格	主要规格

◆ 互联网查询

采购企业可以通过互联网与全国各地甚至全世界各地的潜在供应商取得联系，进行沟通，及时了解有关价格信息。比较常见的是在一些 B2B 网站上与潜在供应商进行沟通，直接获取价格信息。

◆ 商品交易所

如果采购企业所需采购的物资是一些像钢材、铜和石油等的商品，则可以通过商品交易所获取价格信息。

◆ 行业组织

市场经济中，很多行业组织会定期发布行业报告，报告中通常都会有价格信息。采购企业可以根据所需购买的物料所属行业，通过行业组织发布的相关行业报告来了解价格信息。

在收集价格信息的过程中，如果有需要，会涉及价格调查表的制作，我们在本书第 1 章【实用模板】中已经展示过物料市场单价调查表，这里的价格调查表与之类似，就不再重复展示。

4.2.3 处理价格信息资料

处理价格信息资料就是对价格信息进行加工，简单来说就是将收集到的原始价格信息资料按照一定的程序和方法进行整理、分析，使这些信息成为符合决策需要的信息资料，以便使用和存储。

在处理价格信息时，必须要遵循的基本原则有以下 3 点。

简明准确。采购企业处理价格信息后，要保证处理后的信息比原始价格信息简单明了，且能真实反映价格对应物料的状态和特征。

实用。经采购企业处理加工后的信息要适合物价信息管理工作的实际要求，要保证较高的采用率。

及时。采购企业对价格信息进行加工处理时一定要尽可能地节约时间，以保证加工后的信息具备时效性，即价格信息处理要及时。

不仅要遵循基本原则，采购企业在处理价格信息时还需要掌握一定的方法，以保证价格信息处理的有效性。常用方法如表4-3所示。

表4-3　采购价格信息的处理方法

处理方法	说　明
筛选法	市场经济中，由于物料和商品不计其数，每种物料和商品在所处环节不同、地区不同时，都会有价差，如果一味地将所有收集到的价格信息都进行分类整理和分析，就会降低信息处理效率。因此，在处理价格信息时，要利用筛选法，精选出最有价值的价格信息。这种方法对价格信息处理人员的工作能力要求较高，要能确保被选出的价格信息就是最有用的那部分
相关法	运用相关性对原始价格信息进行分析，得出新的价格信息。这是因为一种物料或商品的价格发生变化，就会通过成本、比价和差价等因素的传导性影响其他相关物料或产品的价格
演绎法	依据价格原理、价格规律和供求规律，再根据市场物价和物料、商品等供求变化情况，演绎和推测某些商品或物料的价格变动趋势
合成法	将影响价格变化的各种因素收集起来进行综合分析，得出结论，形成新的价格信息。这些因素包括生产成本、流通费用、调整比价关系、市场供求、纸币流通量和国家经济政策等

掌握了价格信息的处理方法后，就可以按照一定的步骤对价格信息进行处理加工了。价格信息的处理加工步骤一般有4步。

◆　第一步，整理

根据加工的目的，运用专门的方法对调查收集到的原始价格信息进行登记核实，确定其可信度；然后对这些信息进行筛选，舍弃掉一些价值不高的信息，或者对一些信息进行合理、科学的修改；最后将杂乱无章的价格信息进行分类整理，把同一类别的价格信息资料综合整理到一张报表或者一个系列文件中。

◆ 第二步，计算

对原始价格信息采取一定的计算方法进行加工运算，从中得出所需的新价格数据，也就是对原始价格信息进行定量分析。

◆ 第三步，分析研究

这一步是对某些不能定量分析的原始价格信息进行的定性分析，包括鉴别判断和相关分析。鉴别判断是指对原始价格信息的准确性进行判断，比如确定企业收集到的价格信息是否适应企业的价格决策需要，是否需要进行新的补充收集等。相关分析是通过推理、判断、分析和归纳的方法对价格信息进行加工，从而总结出新的综合性信息。

◆ 第四步，信息汇编

对经过加工处理的价格信息用文字或表格的形式系统、规范且形象地记录下来，清晰地反映出企业对原始价格信息的加工处理结果。

4.3 进行询价并分析供应商报价

确定适用的询价方式，制定了采购底价，一切准备工作就绪后，采购企业就可以开始进行询价，了解和分析供应商的报价情况。

4.3.1 准备齐全的询价文件实施询价

在本章的 4.1 节内容中我们了解了采购企业进行询价采购需要向供应商发出询价通知书，这通常被认为是询价采购的第一步。而且，在规范的询价通知书中，有些文件资料是必须要有的，比如 4.1 节范本中展示的采购项目一览表，其他还包括报价一览表（表 4-4）、供货范围清单（表 4-5）以及报价供应商的资格证明文件等。

实用范本　　　　　　　　表 4-4　报价一览表

报价供应商名称（公章）：＿＿＿＿＿＿＿＿＿＿＿＿＿＿＿＿＿

采购编号：＿＿＿＿＿＿＿＿＿＿＿＿＿　　　　　　货币单位：＿＿＿＿

品目号	货物名称	品牌规格及产地、制造商	数量	单价	小计
总报价：（小写）¥＿＿＿＿＿＿＿＿＿＿＿＿＿＿＿＿ 　　　　（大写）人民币＿＿＿＿＿＿＿＿＿＿＿＿＿					
交付期：＿＿＿＿＿＿＿＿＿＿＿＿＿＿＿＿＿＿					
报价保证金：＿＿＿＿＿＿＿＿＿＿＿＿＿＿＿＿元					

报价供应商代表（签名）：＿＿＿＿＿＿＿＿＿＿＿＿＿＿＿

日期：＿＿＿＿＿＿＿＿＿＿＿＿＿＿＿＿＿

实用范本　　　　　　　　表 4-5　供货范围清单

> 说明：本清单应列明组成货物的主要件和关键件的名称、数量、原产地及单价。
> 　　　本清单应列明专用工具的名称、数量、原产地及单价（如果有的话）。
> 　　　本清单应列明备品备件的名称、数量、原产地及单价（如果有的话）。
>
> 　　　　　　　　　　　　　　　报价供应商代表签字：＿＿＿＿＿＿

注意，这里的供货范围清单如果涉及的资料过大，可通过粘贴或附件的形式提供。除此以外，还需向供应商提供相关资格证明文件样本，以便供应商选择使用。

实用范本 报价供应商的资格证明文件

关于资格的声明函

××采购招标有限公司：

关于贵方＿＿＿年＿＿月＿＿日第＿＿＿（采购编号）报价邀请，本签字人愿意参加报价，提供询价文件"采购内容及要求"中规定的＿＿＿＿＿＿＿＿＿＿＿＿（项目名称），并证明提交的下列文件和说明是准确和真实的。

1.本签字人确认资格文件中的说明以及报价文件中所有提交的文件和材料是真实的、准确的。

2.我方的资格声明正本一份，副本＿＿＿份，随报价文件一同递交。

报价供应商（全称并加盖公章）：＿＿＿＿＿＿＿＿＿＿＿＿＿＿＿

地址：＿＿＿＿＿＿＿＿＿＿＿＿＿＿＿＿＿＿＿＿＿＿＿＿＿＿＿

邮编：＿＿＿＿＿＿＿＿＿＿＿＿＿＿＿＿＿＿＿＿＿＿＿＿＿＿＿

电话／传真：＿＿＿＿＿＿＿＿＿＿＿＿＿＿＿＿＿＿＿＿＿＿＿＿

报价供应商代表（签字）：＿＿＿＿＿＿＿＿＿＿＿＿＿＿＿＿＿＿

报价供应商的资格声明

1.报价供应商概况

（1）报价供应商名称：＿＿＿＿＿＿＿＿＿＿＿＿＿＿＿＿＿＿＿

（2）注册地址：＿＿＿＿＿＿＿＿＿＿＿＿＿＿＿＿＿＿＿＿＿＿

传真：＿＿＿＿＿＿＿＿电话：＿＿＿＿＿＿＿＿邮编：＿＿＿＿＿＿

（3）成立或注册日期：＿＿＿＿＿＿＿＿＿＿＿＿＿＿＿＿＿＿＿＿

（4）法定代表人：＿＿＿＿＿＿＿＿＿＿＿＿＿＿（姓名、职务）

实收资本：＿＿＿＿＿＿＿＿＿＿＿＿＿＿＿＿＿＿＿＿＿＿＿＿＿

其中国家资本：＿＿＿＿＿＿＿＿＿＿＿法人资本：＿＿＿＿＿＿＿＿

个人资本：_____ 外商资本：_____

（5）最近资产负债表（到_____年__月__日为止）。

A. 固定资产合计：_____

B. 流动资产合计：_____

C. 长期负债合计：_____

D. 流动负债合计：_____

（6）最近损益表（到_____年__月__日为止）。

A. 本年（期）利润总额累计：_____

B. 本年（期）净利润累计：_____

2. 我方在此声明，我方具备并满足下列各项条款的规定。本声明如有虚假或不实之处，我方将失去合格供应商资格且我方的报价保证金将不予退还。

（1）具有独立承担民事责任的能力。

（2）具有良好的商业信誉和健全的财务会计制度。

（3）具有履行合同所必需的设备和专业技术能力。

（4）有依法缴纳税收和社会保障资金的良好记录。

（5）近三年内，在经营活动中没有重大违法记录。

3. 最近三年报价项目在国内主要用户的名称和地址，如表4-6所示。

表4-6　主要用户信息表

用户名称和地址	销售货物、服务名称、规格	数量	交付日期	运行状况

法人营业执照见附件。

就我方全部所知，兹证明上述声明是真实、正确的，并已提供了全部现有资料和数据，我方同意根据贵方要求出示文件予以证实。

报价供应商（全称并加盖公章）：_____

报价供应商代表（签字）：_____

日期：_____年___月___日

电传：_____

传真：_____

电话：_____

在实务中，采购方需要准备的询价文件可能还不止这些，其他还可能涉及的文件在本章最后的实用模板中进行列示。

4.3.2 询价过程中需要注意的问题

询价过程中，有些注意事项或问题需要采购方重视和明确，避免出现采购失误或经济损失。

（1）采购需求的标准要明确

采购方在提供询价文件时，一定要说明所采购物资在共性标准上的个性差异和特殊要求，以确保采购的物资标准足够明确，规定统一且型号无误，更要有助于企业以尽可能低的价格进行采购。

另外，还需严格询价文件中的报价标准使最终中标和成交供应商的基数价在规定范围内选择。

（2）采购合同的签订要严肃、严谨

采购企业在与供应商签订采购合同时，要严格遵循询价采购文件中提出的合同主要条款，杜绝随意改变条款的现象发生。相应的监管人员或监管部门以及采购人员要认真履行自己的职责，时刻注意采购合同签订后供应商的执行情况，避免供应商在履行合同时以不当理由改变原合同条

款的行为。

（3）严格遵循报价后不能随意更改的规则

对采购企业来说，当询价小组完成询价工作后，要按规定制成询价报告，并将该报告提交给采购人员，再由采购人员确定成交供应商。这其中需要注意的是，询价小组要严格执行报价不能随意更改的规定，通常来说供应商的报价一经确定，不得更改。这也是防止供应商与采购人员恶意串通损害采购公司利益的有效方法。

（4）要保证供应商报价的安全严密性

为了使询价采购流程正规、合法，减少不正当竞争的情况发生，采购企业要与供应商合力保证报价的安全严密性。

首先，采购人员要采取邮寄或者专人送达的方式向供应商报送报价文件，不使用传真报价。其次就是要坚持询价小组成员共同拆启报价文件，且必须在公证人员、用户代表和采购人员共同在场的情况下拆启全部报价文件。

由此，采购人员按照规定程序确定成交供应商，就能有效确保定标的公正性和程序的合法性。

（5）切忌指定品牌进行采购

指定品牌进行采购是询价采购方式中最需要规避的问题，因为指定品牌采购的行为会造成市场价格和货源被操控、购销双方陪询串标等一系列不良连锁反应。

询价采购中，尽量做到定项目、定配置、定质量、定服务但不定品牌，真正促使供应商之间开展品牌竞争，帮助采购企业找到物美价廉的好物。

（6）不要一味地以价格筛选供应商

相关法律规定，采购人员根据符合采购需求、质量和服务相等且报价最低的原则确定成交供应商，这也是询价采购中采购企业确定成交供应商的基本原则。但实务中很多采购人员片面地认为"谁价格低就选谁"，由此就会引发恶性的"价格战"，使得采购企业花钱买了一些质量低、售后服务差的产品或服务。

所以，采购企业不能一味地以价格来筛选供应商，要在尽可能选低价产品或服务的同时，注重产品或服务的质量，这样才能督促供应商重视其产品或服务的质量，而不会一味地为了降低成本、促成交易而生产不合格的产品或提供不合格的服务。

4.3.3 分析影响供应商定价的因素

由于供应商的定价会直接影响到采购企业的采购成本，因此采购企业需要分析影响供应商定价的因素，这样才能判断采购价格是否合理，避免同等质量的产品或服务出现高价采购。

虽然对不同的供应商来说，影响其定价的因素不尽相同，但大致上有如下四大因素。

（1）产品成本

产品（或商品）的价值是构成其价格的基础，而产品的价值通常由相应的成本来表示。换句话说，只有产品价格高于其成本，企业才能用高于成本的这部分收入来补偿生产中的耗费，同时获取一定收益。

所以，产品成本是影响供应商定价的一个明显因素。实务中，产品价格按成本、利润和税金这3个部分来制定，由此又可知，不仅产品成本是影响供应商定价的因素，供应商的盈利目标以及纳税情况等也是影响其定价的重要因素。

作为采购企业，要在合理、合法情况下获取这些会对供应商定价产生影响的数据，进而分析出供应商的大概报价，然后与供应商提交的报价相对比，看是否有差异，若有，看差异是否较大等，以此来分析判断供应商是否要高价，企业是否选择该供应商。

（2）市场需求

在本章的 4.2.1 节中已经提到，产品市场供求关系会影响采购企业的采购价格，换言之就是影响供应商定价。因为供需关系会影响供应商定价，所以才会影响采购企业的采购价格。

（3）竞争关系

市场竞争也是影响供应商定价的重要因素。根据竞争程度不同，供应商定价策略就会不同。

比如在完全竞争市场中，买卖者都大量存在，产品都是同质的，作为采购企业可以自由地选择供应商，且买卖双方都能充分获得市场情报。这时，无论是采购企业还是供应商，都不能对产品价格进行有效地人为影响，只能在市场既定价格下完成生产和交易。这种情形下，采购企业无须考虑竞争关系这一因素对供应商定价的影响。

在不完全竞争市场中，少数买方或卖方会对价格和交易数量起较大影响，买卖双方获得的市场信息是不充分的，而供应商提供的同类商品也会有差异，所以他们之间存在一定程度的竞争。此时采购企业需要考虑竞争关系对供应商定价的影响，从而分析供应商的可能定价，然后与供应商的主动报价进行对比，看是否在合理范围内。

而在完全垄断市场中，某种商品的供应完全由独家控制，形成独占市场，此时交易数量和价格就会由垄断者单方面决定，比如某一位供应商。但是这种情形在现实中很少见，采购企业在分析判断影响供应商定价时可不予考虑。

> **知识扩展** 完全竞争、不完全竞争和完全垄断
>
> 完全竞争也称自由竞争，是一种不受任何阻碍和干扰的市场结构，也是一种理想化的极端情况，简单来说就是不存在会影响价格的企业或消费者市场。不完全竞争是介于完全竞争和完全垄断之间的一种现实中常见的典型市场竞争状态。完全垄断则与完全竞争相对，也称独家垄断，是整个行业的市场供给完全被独家企业控制的状态，可分为完全政府垄断和完全私人垄断，这种市场竞争关系在我国很少见。

（4）其他因素

除了前述 3 个因素会影响供应商定价外，还有其他一些因素也会对供应商定价产生或多或少的影响。

◆ 政府或行业组织干预

如果市场经济秩序有混乱的迹象，或者已经混乱，政府或行业组织就会为了维护经济秩序而通过立法或其他途径对供应商价值策略进行干预。比如规定毛利率，规定最高和最低价格，限制价格的浮动幅度或规定价格变动的审批手续等。所以采购企业在分析影响供应商定价的因素时，还要考虑这一类干预举措。

◆ 消费者的心理

当消费者初识某种产品时，会通过"一分钱一分货"的观念来判断产品质量的好坏，也就是把价格与商品的使用价值挂钩。因此，消费者的心理就会影响供应商定价。一些供应商为了获取消费者的信任，就会对产品制定高价。相应地，采购企业在分析影响供应商定价的因素时，就要考虑消费者的心理状态，预估消费者对该产品的平均期望价格，然后与供应商

提供的报价相比，看是否有差异？差异是大还是小？由此来判断该供应商是否能成为成交供应商。

◆ 企业或产品的形象

现实生活中，可能很多人都感受到一些商品与普通商品没有特别大的区别，但就因为是"牌子货"而使其价格高于普通商品的价格，这就是品牌价值。而品牌价值中又融合了企业理念和企业形象等因素，所以采购企业在分析影响供应商定价时，还需要考量供应商的企业形象或品牌价值。

4.3.4 分析供应商的产品成本构成

要判断供应商提供的报价是否合理，不仅要分析影响其定价的因素，还需了解其产品成本的构成。

从财务会计的角度看，产品成本的构成主要有 3 个部分，一是材料，二是人工成本，三是费用。

材料就是指构成产品实物形态或为了构成产品实物形态而被耗用的实物物料或零配件。这些物料和零配件也有其价值和价格，它们构成了产品成本的一部分。

人工成本指为了生产出产品而消耗的人工价值，这里指供应商应向生产工人发放的工资、薪金和奖金等。但要注意，只有与生产产品直接相关的生产人员的工资才能计入产品成本，其他如财务、人事以及销售等部门内部员工的工资、薪金等不能计入产品成本。

费用指与生产产品的活动有密切关系的一些费用的总称，常见的为制造费用。这些制造费用可以是车间管理人员的工资，也可以是从其他费用分到制造费用中，最终构成了产品成本中的一部分。

如果采购企业能准确把握供应商的产品成本构成，就能更精准地预估供应商产品的价格，进而与供应商的报价进行对比，看是否合理，以此来作为选择供应商的标准之一。

4.3.5 将交易条款与供应商报价进行比较

交易条款一般在采购合同中明确，是对购销双方在采购活动中关于交易的一系列明文规定，其中就包括对供应商报价的处理。

将相应的交易条款与供应商的报价进行比较，目的是判断供应商是否符合采购企业的采购要求，进而帮助采购企业做出是否选择供应商的决定。

理论上来说，供应商的报价符合采购合同中交易条款的要求，则该供应商可以被采购企业选择；反之，如果供应商的报价不符合采购合同中交易条款的要求，则该供应商就很可能无法成为采购企业的成交供应商。

但是，实务中难免会存在合同交易条款在制定时考虑不周的情况，导致其与供应商报价存在较大的差异，使得采购企业无法通过比较交易条款和供应商报价来选择出合适的供应商。那么此时就需要另行处理，比如签订补充协议来订正合同中的不合理交易条款，然后再与供应商报价进行比较，从而选出适合企业的供应商。

工作梳理与指导

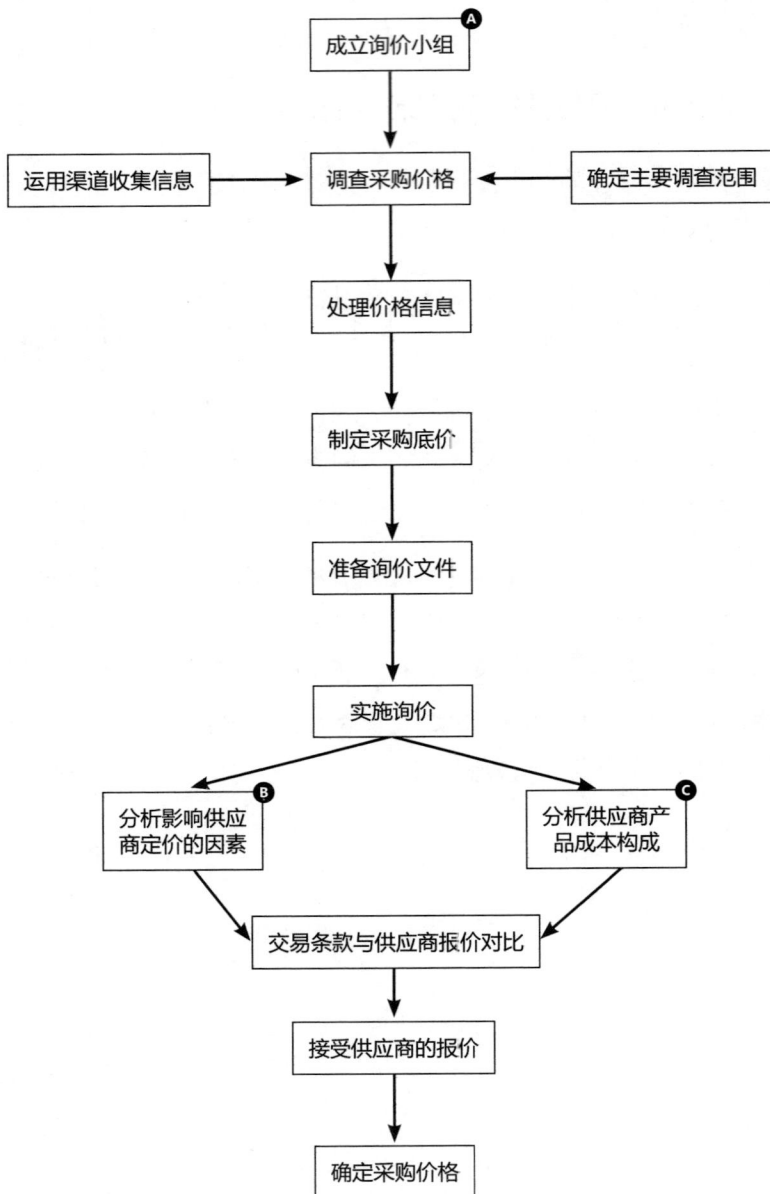

```
                    成立询价小组 Ⓐ
                         │
                         ▼
运用渠道收集信息 ──────▶ 调查采购价格 ◀────── 确定主要调查范围
                         │
                         ▼
                    处理价格信息
                         │
                         ▼
                    制定采购底价
                         │
                         ▼
                    准备询价文件
                         │
                         ▼
                     实施询价
                    ╱        ╲
                   ▼          ▼
   分析影响供应 Ⓑ          分析供应商产 Ⓒ
   商定价的因素            品成本构成
                   ╲        ╱
                    ▼      ▼
           交易条款与供应商报价对比
                         │
                         ▼
             接受供应商的报价
                         │
                         ▼
                 确定采购价格
```

流程梳理

按图索技

Ⓐ 规范的询价采购工作需要企业组建询价采购小组来专门负责询价采购的一系列采购活动。询价小组的负责人要分配采购人员的日常工作，组织实施供应商的资料收集工作，对新供应商品状况进行评估及认证，进行采购计划编排，协助采购稽核员规范采购政策和行为，调查研究公司各部门物资需求和消耗情况，审核各部门的年度采购计划并统筹策划和确定采购内容，审核商品采购合同，监督采购员的订货工作等。询价员则需要及时掌握和了解市场信息，从多渠道做好市场调查，熟悉物料市场价格体系，配合相关部门做好材料、设备的招标工作，编制询价文件，进行供应商资格预审，确定评标规则等。

Ⓑ 采购企业的询价小组在按规定实施询价的过程中，要分析影响供应商定价的因素，这样就可以对供应商可能给出的报价有初步的设想和预估，做到心里有数，为后续是否接受供应商报价提供有力依据。

Ⓒ 在询价过程中，询价小组除了要分析影响供应商定价的因素，还应分析供应商产品成本的构成情况，进一步分析判断供应商产品价格可能发生的变动，为评价供应商报价是否合理提供有力依据，帮助询价小组顺利做出接受供应商报价的决定，从而确定采购价格。

答疑解惑

问： 什么情况下企业会向供应商发出邀请询价？

答： 邀请询价是指采购方在特别条件下搜索到某一供应商，为了邀请该供应商报价而发出的询价。那么，什么特别条件下供应商会收到采购方的邀请询价呢？如供应商建立有完善的门市部，以往的交易获得了高评级，供应商的地理位置、生产能力、质量证明以及以往的订单情况等高度符合采购方的采购要求等。当然，如果供应商在收到邀请询价后认为询价不合适，也可以不予报价。

问： 参与询价采购的供应商不足3家时是否继续采购？

答： 在有些地方，如果参与询价采购的供应商不足3家，采购人员也不调整采购项目需求或供应商资格条件，继续进行询价采购，但需要采购企业或代理机构报监管部门批准后才向供应商发布询价通知书。比如，某市政府采购询价管理办法中有这样的规定：符合资格条件参与报价的供应商只有两家，经询价小组审查询价文件无不合理条款，公告及程序符合规定，且市场上符合资格条件的供应商少的情况下，询价采购继续进行。符合资格条件参与报价的供应商只有一家时，应终止询价，重新组织采购，如果第二次询价仍然只有一家供应商，

答疑解惑

经询价小组审查询价文件无不合理条款，公告及程序符合规定，且市场上符合资格条件的供应商少的情况下，询价可变更为单一来源采购；如具市场上供应商重组，而参加报价供应商不足 3 家时，询价小组可以终止询价，重新组织第三次采购。但是实务中还是应该尽量减少不足 3 家供应商就继续进行询价采购的情况。

问：供应商的报价均超过采购企业的预算时是否为废标?

答：理论上来说，当供应商的报价均超过采购企业的预算时，该采购项目就只能废标。而为了减少因废标造成的损失，可以在采购管理办法或者其他相关办法中规定询价采购超预算后的补救措施。比如，在保证产品或服务质量的情况下，选择报价超预算最小的供应商；出现废标后，应立即按规定组织开展下一次询价采购等。

实用模板

报价书 技术规格和商务偏离表 询价邀请函

采购代理服务费承诺书 售后服务承诺 制造商出具的授权书

采购项目简要说明一览表 项目小组配备情况表 质保期满后收费项目一览表

法定代表人授权书

法人营业执照及其他资格证明文件

第5章

进行谈判采购操作更灵活

谈判采购是指采购企业直接邀请3家以上的供应商就采购事宜进行谈判的采购方式，一般运用在采购企业招标后没有供应商投标或者没有合格标的情况下。采用谈判采购方式，采购方与供应商更容易达成适当的成交价格。

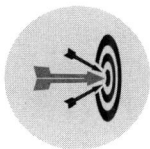

5.1 准确认识谈判采购

谈判采购是采购方通过与多家供应商进行谈判，最后从中确定中标供应商的采购方式。它适用于紧急情况下的采购或者是涉及高科技应用产品和服务的采购。实施谈判采购的目的是选中合适的供应商完成采购项目，而不是非要与供应商达成低价交易，这一点需要明确。

5.1.1 采购谈判重点在"双赢"而非"对错"

谈判采购通过讨价还价，针对发货、技术规格、价款和交易术语等合同要件达成共识。谈判采购方式下，采购企业与供应商就合同的细节进行面对面的商谈，而不仅仅是交换文件。也就是说，谈判采购必然会涉及采购谈判。

更具体地说，采购谈判就是采购企业为了采购到合适的物资，作为买方与供应商（即卖方）对购销业务有关事项进行反复磋商，谋求达成协议，建立双方都满意的购销关系。这些购销业务有关事项包括商品品种、规格、技术标准、质量保证、订购数量、包装要求、售后服务、价格、交货日期与地点、运输方式和付款条件等。

需要特别注意的是，采购谈判并不是要谈出个"对错"，而是要尽可能地达到"双赢"。为什么这么说呢？

对于采购企业来说，作为买方，当然希望采购成本尽可能低，更准确地说是用尽可能少的钱买到尽可能多的物料，这样就可以提高企业的生产效益，即提高投入产出比，为企业赢得更多的利润。如果供应商给出的售价太高，超出了采购企业的采购预算，则采购方很可能放弃与该供应商合作。从采购企业自身利益出发，要求低价采购是没有错的。

但是对于供应商来说，生产出的待售产品也有其不可忽视的成本投入，只有售价高于成本才有获利的机会，供应商才能继续利用获取的收益维持生产经营状态。如果采购方给出的采购价格低于了供应商的预期售价，甚至低于了物资的成本，则供应商也会放弃与采购企业合作。从供应商自身利益出发，要求高价出售也是没有错的。

所以，无论是采购方还是供应商，除非开出的交易价格明显不合理，一般报出的价格都是站在各自利益的角度确定的，这里没有报价高低的对错。为了促成双方达成合作关系，顺利完成交易，双方就需要在可接受的条件范围内做出妥协和让步，减少双方获益空间的同时，也保证双方的利益不受损害，而最常见的措施就是进行采购谈判。

由此可知，采购谈判的重点是"双赢"，而不是"对错"。

5.1.2 谈判采购适用的项目和情形

采购企业的采购项目要想通过谈判采购完成，需要符合下列一些适用条件。

①采购企业招标后，没有供应商投标，或者没有合格标。

②出现了不可预见的急需采购而无法按招标方式完成的。

③投标文件的准备需要绞长时间才能完成的。

④供应商准备投标文件需要高额费用的。

⑤对高新技术含量有特别要求的。

⑥政府采购机关认定的其他情形。

谈判采购一般适用于质量比价格更重要的服务采购，或者是当采购方不知道如何解决问题时，又或者是采购方试图解决某个特殊问题时，还有在招标失败以及紧急情况下。下面列举一些实务中适用谈判采购的情形或场合。

①采购结构复杂、技术要求严格的成套机器设备，在设计制造、安装

试验和成本价格等方面需要通过谈判进行详细的商讨和比较的。

②多家供货厂商互相竞争时。

③所需采购的商品的供货厂商不多，但企业可以自制，或向国外采购，或可用其他商品代替时。

④所需采购的商品经公开招标后，开标结果在规格、价格、交货日期和付款条件等方面没有一家供应商能满足要求的。

⑤所需采购商品的原采购合同期满，市场行情有变化，且采购金额较大时。

在这些情形或场合下，使用谈判采购有利于采购方占据优势地位，进行有利采购，降低采购成本。

5.1.3 一般采购谈判需要经过的流程

运用谈判采购完成采购活动时，最重要的事情就是进行采购谈判。而采购谈判的主要流程包括 4 个步骤：计划和准备阶段、开局阶段、正式洽谈阶段和成交阶段。

（1）计划和准备阶段

在采购谈判的计划和准备阶段，采购方需要做的事情包括如下一些方面。

①成立专门的采购谈判小组。

②确定采购谈判的具体目标。

③分析本企业和供应商各方的优势与劣势。

④收集与采购项目和采购谈判活动有关的信息。

⑤认识并了解对方的需要。

⑥识别实际问题和情况。

⑦为每一个问题设定一个成交点。

⑧开发采购谈判策略。

⑨向其他人员简要介绍谈判内容。

⑩进行谈判预演。

在该环节,由采购方制订的采购谈判计划,有时也被称为采购谈判方案。

实用范本 采购谈判计划

一、采购谈判参与人员

采购谈判的主要参与人员包括材料设备部经理、采购主管、采购专员及相关物资的使用人员。

二、采购谈判的原则

1. 互利互惠原则

在谈判过程中,不仅要从企业自身的利益出发考虑谈判的方式与技巧,也要通过换位思考的方式,从对方的利益角度考虑谈判目标的实现,努力实现合同谈判过程中的互利互惠原则,以不损害谈判双方的友好合作关系为前提。

2. 时间原则

时间就是优势,在谈判前与谈判中要通过时间技巧掌握谈判的主动权,力求速战速决。

3. 信息原则

信息的掌握情况在很大程度上决定着谈判的成功与否。在谈判前要通过各种渠道占有各类与谈判有关的信息,在谈判过程中通过对谈判信息的总结、提升,将其转化为谈判的优势。

4. 诚信原则

诚信就是谈判成功的基础,就是与供应商保持长期良好合作关系的前提。在谈判中严禁使用涉嫌欺诈的方式与手段。

三、谈判目标

谈判目标的具体内容如表 5-1 所示。

表 5-1　谈判目标项目明细表

层次＼项目	价格	支付方式	交货条件	运输费用	产品规格	质量标准	服务标准
最优目标							
可接受目标							
最低限度							
目　标							

四、谈判项目

1. 材料设备的质量保证

满足企业需要，附有产品合格说明书、检验合格证书及物料的有效使用年限。

2. 包装

内包装与外包装，根据谈判价格确定具体的包装形式，确保采购材料设备无折损。

3. 价格

明确合理的采购价格可以给供应商带来销售量的增加、销售费用的减少、库存的降低等利好因素。

4. 订购量

根据企业施工实际进度与企业仓储能力确定订购量。

5. 折扣

折扣有数量折扣、付现金折扣、无退料折扣、季节性折扣以及新品折扣等几种。

6. 付款条件

综合分析一次性付款、月结付款与付款方式带来的替代效应，选择最有利的付款方式。

7. 交货期

交货期的确定以不影响企业的正常生产为前提，结合企业货物存放的成本，尽量选择分批供货。

8. 售后服务事项

售后服务事项包括维修保证、品质保证、退换货等内容。

五、谈判准备

…………

九、谈判特殊情况的处理

…………

（2）开局阶段

在采购谈判的开局阶段，谈判双方（即采购方与供应商）互作介绍，商议谈判议程和程序规则，同时探讨本次采购谈判涉及的范围，包括双方希望在谈判中解决哪些事宜和问题等。

（3）正式洽谈阶段

在采购谈判的正式洽谈阶段，采购方与供应商在可能的情况下，确定并解决阻碍谈判达成共同目标的分歧。比如针对采购价格、付款方式以及交易地点等进行反复的磋商，直至双方达成共识。

（4）成交阶段

采购方与供应商在达成谈判共识后，达成合作协议，结束谈判。后续需要起草一份声明，尽可能清晰地描述双方已经达成一致的内容，并将其呈送给谈判各方，以便各方提出自己的意见并签名；同时，将达成的协议提交给双方各自的委托人，协议内容主要包括双方就哪些事项达成了协议，从该协议中可以获得哪些益处等。

后续就是执行协议、设定专门程序监察协议履行情况并处理可能会出现的问题等事宜。当然，大部分谈判双方还会在谈判结束后开展一场聚餐，促进合作双方的关系。

5.2 组织并实施采购谈判

组织并实施采购谈判的这一事务，是谈判采购方式下最重要的环节之一。只有做好了采购谈判，才能保证采购企业及时与合适的供应商达成购销关系。

5.2.1 组建专业的采购谈判小组并确定谈判地点

对采购企业来说，在进行谈判采购时要想顺利完成某一项采购工作，组建专业的采购谈判小组是很有必要的，这会大大提高采购企业的谈判效率，从而快速地为企业选到合适的供应商，便于尽快开展采购活动。另外，在开展采购谈判前，还需要决定具体的谈判地点，方便谈判双方开展采购谈判。

（1）组建专业的采购谈判小组

采购企业在组建专业的采购谈判小组时，需要明确参与谈判的人员应具备的条件，同时还要合理设置谈判小组成员之间的组成结构等。

谈判小组组建完成后，需要对组员进行合理的分工，以便更好地协作完成采购谈判。在时间充裕的情况下，可以制定采购谈判小组的组建规范，以此来指导采购谈判小组的组建工作。

实用范本 公司采购谈判小组组建规范

第1章 总 则

第1条 目 的

为了组建高效的采购谈判小组,保证采购谈判顺利进行,特制定本规范。

第2条 适用范围

采购谈判小组组建工作均按照本规范执行。

第2章 采购谈判小组组建程序

第3条 谈判人员应具备的条件

一名合格的谈判人员必须具备良好的形象气质、良好的职业道德、健全的心理素质、合理的学识结构和较高的能力素养。

1. 良好的形象气质主要包括形象修饰、表情和举止这3个方面。

2. 良好的职业道德是谈判人员必须具备的条件。谈判人员必须遵纪守法、廉洁奉公、忠于国家和企业,具有强烈的事业心、进取心和责任感。

3. 谈判人员要有较强的自信心、情绪控制能力、坚韧顽强的意志力和良好的协调能力。

4. 谈判人员应熟悉国家相关政策法规,熟悉采购物资的相关知识,熟悉与交易相关的商务、金融等知识,熟悉文化心理以及沟通知识等。

5. 谈判人员应具备观察认知能力、团队沟通能力、判断能力、运筹计划能力、语言表达能力、应变能力、交际能力和创造性思维能力。

第4条 谈判人员配备

谈判小组应具有合理的结构。

1. 谈判小组成员的知识结构应当全面。谈判小组一般要配备掌握以下5类知识的人员。

①首席代表,在谈判中拥有领导权和决策权。

②熟悉生产技术、物资标准和科技发展动态的技术人员。

③熟悉商业贸易、市场行情、价格形势、财务情况的商务人员。

④精通经济贸易的各和法律条款的法务人员。

⑤具备熟练的文字记录能力并具有专业基础知识的记录人员。

2. 谈判小组成员在性格上应具有互补性。

3. 谈判小组应以中年人为主，辅以青年人和老年人。

4. 谈判小组成员应分别承担首席代表、"白脸""红脸""强硬派"和"清道夫"5 种角色分工，各自的责任如表 5-2 所示。

表 5-2　谈判角色分工

谈判角色	角色说明	在谈判过程中承担的责任
首席代表	由最具专业水平的采购经理或采购总监担任	1. 指挥谈判 2. 裁决与专业知识有关的事宜 3. 精心安排小组中其他人员的工作
"白脸"	由被对方大多数人员接受的人员担任	1. 对对方的观点表示同情或理解 2. 做出试图让步的姿态 3. 给对方安全感的假象，使他们放松警惕
"红脸"	由让对方感到如果没有他（她）会比较容易达成一致的人员担任	1. 必要时提出终止谈判 2. 削弱对方提出的任何观点和论据 3. 尽力暴露对方的弱点
"强硬派"	在每件事情上都采取强硬态度，使问题复杂化的人员	1. 用延时战术来阻碍谈判过程 2. 允许他人撤回已提出的未确定的报价 3. 观察并记录谈判的进程 4. 使谈判小组的讨论集中在谈判目标上
"清道夫"	将所有的观点集中，整体提出这些观点的人员	1. 设法使谈判走出僵局 2. 防止讨论偏离主题太远 3. 指出对方论据中自相矛盾的地方

第 5 条　谈判小组分工协作

采购谈判小组应根据不同情况确定主谈人和辅谈人，明确洽谈具体条款的分工与协作。

第 6 条　谈判小组名单确认

1. 企业制订采购计划后，采购部根据实际采购需求确定是否需要实施采购谈判及采购谈判规模等事宜。

2. 采购谈判小组成员的名单经过采购经理、采购总监、总经理审批后予以公布。

（1）一般性采购谈判，即采购价值在＿＿＿元以下的采购谈判，由采购经理审批。

（2）重要采购谈判，即采购价值在＿＿＿元至＿＿＿元的采购谈判，由采购总监审批。

（3）战略性采购谈判，即采购价值在＿＿＿元以上且采购物资关系到企业重要经营的采购谈判，由总经理审批。

第3章 附 则

第7条 本规范由采购部制定，解释权、修改权亦归采购部所有。

第8条 本规范自公布之日起执行。

（2）确定谈判地点

采购企业和供应商在选择谈判地点时要考虑各种资源支持，这样才能为采购谈判顺利进行提供保障。而这其中最重要的资源当属信息，也就是说，谈判双方应尽量选择靠近信息源的地点作为采购谈判地点，为什么呢？

在靠近信息源的地点进行采购谈判，对采购企业来说可快速获得所需采购物资的市场价格信息以及供应商的经营情况和信誉状况等，从而可以有根据地与供应商进行采购价格的谈判，防止供应商故意提高售价而采购企业还浑然不知。同时，对供应商来说也可以通过收集信息来合理确定自己的报价和采购方的经济实力，从而判断采购方是否适合作为合作伙伴。

另外，谈判地点的选择应在利益可轻松兑现的地方，这样可以避免谈判结果无法及时实施的困境。比如甲采购企业与乙供应商协商确定在乙所在城市的某个地点进行采购谈判，最终谈判结果中有一项是由乙供应商免费为甲采购企业运货，这样乙供应商就可以在谈判结束后，快速地为甲采购企业安排发货。

在选择采购谈判地点时，还有一点很重要，就是要选择能让谈判双方都感到心情愉悦、精神放松的地方，这样双方在谈判过程中更容易为对方着想，也更容易就各个方面达成一致，从而提高谈判效率。

总之，采购谈判地点的选择要考虑采购企业与供应商双方的利益，尽量做到在地点的选择上达成一致意见。

5.2.2 做好谈判双方的形势分析

针对采购谈判中的谈判双方进行的形势分析，主要是指对采购企业和供应商的发展状况进行分析。下面对谈判双方需要了解的对方形势作简单概括介绍。

（1）采购企业需要分析的供应商形势

采购企业分析供应商形势，实际上就是进行供应商市场分析，相关要点如下：

◆ 了解供应商的业态状况

业态状况指业务经营的形式、状态，通俗点讲，就是企业将产品卖给谁? 卖什么? 怎么卖? 也就是说，采购企业要了解并分析供应商的经营范围、他的购买客户以及过往交易方式等情况，从而为是否将该供应商确定为成交供应商提供判断依据。

◆ 了解并分析供应商的营销策略

供应商的营销策略会反映其对待客户的态度，即对待采购方的态度，是积极争取合作，还是顺其自然成交，又或者是消极对待无所谓。通常来说，积极争取合作的营销策略下，供应商往往会给采购方一定的优惠或者其他利益；反之，消极对待很可能是坚定供应商自己的立场和利益，不对采购方做出任何让步和妥协，如果采购方认为各交易条款不符合需求，则不成为合作伙伴即可。

◆ 分析供应商的供货分布情况

供应商的供货分布情况在一定程度上可反映供应商的业务覆盖范围，对其进行分析，可了解供应商的客户偏好及其产品面向的主要受众。这些情况也都可以为采购企业判断供应商提供的物料或服务是否是本企业真正需要的奠定基础。

◆ 了解并分析供应商的资金状况和企业形象

供应商的资金状况决定了供应商的经济实力，换句话说，实力雄厚的供应商可保证采购企业及时收到所购物资或服务，有效避免采购企业因供应商供货不及时导致的供产脱节或供销脱节。另外，了解供应商的企业形象，可得知供应商在经济市场口的信用好坏，或者可以结合信用调查来分析判断企业信用以及企业形象，信用好的供应商对采购企业来说存在的违约风险更低，即供应商不能及时提供货源的风险较小，这对采购企业是有利的。

另外，需要采购企业了解的供应商形势，还需在合作过程中不断的探索。

（2）供应商需要分析的采购企业形势

供应商分析采购企业形势，是对客户市场进行分析，要点如下：

◆ 了解并分析采购企业的经济状况和经营情况

采购企业的经济状况以及经营情况的好坏，决定了采购企业的付现能力，而这一能力直接关系着供应商是否能及时从采购企业收到货款，因此供应商需要对此进行分析。

◆ 分析采购企业的营销策略

这一点与分析供应商的营销策略有异曲同工之处。供应商分析采购企业的营销策略，可判断采购企业销售产品的积极性和效益性。如果采购企业营销策略积极主动，则销售业绩不会差，账款的回收速度也会比较快，用于支付采购货款的资金就会更有保障，对供应商来说是有利的。反之，如果采购企业的营销策略消极被动，销售业绩不好甚至非常差，销售货款的回笼就可能出现问题，用于支付采购货款的资金就没有保障，对供应商来说可能面临无法及时收到货款的情况，是不利的。

◆ 分析判断采购企业过往支付信用

有时采购企业自身销售业绩不够理想，但其支付信用一直都很好，这种情况下，供应商也不可"一刀切"地排除采购企业的合作意向，而需要具体分析采购企业为什么在销售业绩不好的情况下还能保持良好的支付信用。如果发现是因为采购企业销售业绩不算很好，但销售货款的回收速度和力度较大，导致支付信用一直保持良好，则供应商可选择与采购企业达成采购－供应的关系；如果发现采购企业只是因为流动资产足以支付货款，但长期处于快要亏损的经营状态，则要慎重考虑是否与其达成合作关系。

◆ 了解并分析采购企业过往的采购预算水平

采购企业过往的采购预算水平，在很大程度上会影响采购企业当期或当次采购预算的编制。而采购预算又直接关系着采购价格的选取，进而影响着采购企业与供应商之间就采购价格进行的谈判结果。如果采购企业的采购预算水平较高，则双方在进行采购价格谈判时会有较大的协商空间；反之，如果采购企业的预算水平较低，甚至接近供应商所提供产品的成本价，则双方的价格谈判空间微乎其微，双方达成交易的可能性越小。为了能快速筛选出成交可能性较大的采购企业，供应商需要对采购企业的采购预算水平进行分析判断。

不同的企业会导致供应商进行不同的形势分析，这里不再作其他形势分析的详述，具体由各供应商以实际情况进行具体分析。

5.2.3 制订初步的采购谈判策略

以实战经验来看，采购谈判策略包括避免争论、抛砖引玉、留有余地、以柔克刚、情感沟通以及先苦后甜等策略。下面对这些策略作简单说明与运用介绍。

避免争论策略。 由于谈判过程中采购企业与供应商均会站在自己的利益角度考虑问题，因此出现分歧是难免的。这时要促使双方正在进行的谈判内容得到有效解决，就应尽可能避免争论，冷静地听取对方的意见，在提出不同意见时也要更委婉一些，防止对方产生抵触情绪。这种策略适合于采购谈判的各个环节。

抛砖引玉策略。 该策略主要是指在采购谈判过程中，一方主动提出各种问题但不提供这些问题的解决方法，而是让对方解决。这种策略很显然非常尊重谈判的对方，更能了解对方真正的需求。但是这种策略在两种情况下不适用：一是谈判出现分歧时，如果用这种策略，很可能导致对方误会己方在故意刁难，在推卸责任；二是对方自私自利、寸利必争，运用此种策略就很可能导致对方乘机抓住所有对他有利的因素，从而使己方处于非常被动的地位。

留有余地策略。 实务中，交易双方总是将对方看得很势利，比如采购企业为了尽快促成交易，可能在采购预算范围内适当调高采购价格，但这样不仅不能让供应商满足，还会让他们认为采购方的预算还远远不止这样的水平，此时就很可能导致供应商在采购方的采购价格基础上加价，或者无法做减价妥协，这对采购企业来说是不利的。既然不管怎样，供应商都会认为采购方提出的采购价格标准是低于其采购预算的，那么何不一开始就给出比较低的采购价格，这样在后续的谈判过程中还有较大的协商空间。这种策略最常适用于两种情况：一是对方寸利必争；二是在不了解对方的情况下。

以柔克刚策略。 在进行采购谈判时，占据主动地位的一方或多或少会表现强硬态度，此时另一方如果也以强硬的态度表示反对或不满，就会使谈判活动无法进行下去，此时另一方就需要采用以柔克刚的策略，慢慢消磨对方的"盛气凌人"，在对方得到默认的满足以后，就很可能变得通情达理而站在我方的角度考虑问题，回到公平、合理的谈判氛围中。

情感沟通策略。情感对人的思维及想法的影响不容忽视，因此在采购谈判过程中可充分利用情感因素来影响对方，不仅可以增进彼此之间的了解，还可以建立交易之外的友谊，从侧面促进谈判顺利进行。

先苦后甜策略。这种策略类似于欲扬先抑，作为采购方，要想获得供应商价格方面的优惠，谈判时就可以主动从货款支付方式以及运输等方面给供应商提供便利，这对采购方来说就是先"苦"，最后得到的价格优惠就属于后"甜"。

当然，作为谈判中立场不同的各方，有些采购谈判策略对采购方有利，而有些则对供应商有利。由于本书所站的角度还是"采购管理"，因此这里从利于采购方的角度分析可以使用的一些采购谈判策略。

◆ 比较压价策略

比较压价策略主要指采购方通过列举其他同类产品的供应商给出的报价来与正在谈判的供应商的报价进行比较，从而让供应商觉得自己的报价过高而降低价格。所以，这种策略适用于参与谈判的供应商报价高于市场中其他供应商报价的情况。

◆ 迂回采购策略

迂回采购策略类似于避实就虚的采购策略，即采购方有意识地将谈判的内容引导到相对次要的问题上，借以转移供应商的注意力。比如，当供应商坚持不做价格让步时，采购方可通过自行严格付款方式或适当降低对产品或服务的要求，来使供应商感到他占了"便宜"，从而促使供应商对采购方做出价格让步。当然，这种策略主要运用在谈判双方最为重视的问题之上。

◆ 适当示弱策略

适当示弱策略实际上是情感沟通策略的具体运用。作为采购方，可以在与供应商进行谈判时适当示弱,比如告知对方本企业近期盈利状况较差,资金回笼速度放慢等,以此来获得供应商的价格优惠,或者是付款信用期限的延长等。但要注意,这种策略的运用需要准确把握好度,否则过分示弱会导致供应商不看好企业的偿债能力,从而放弃与企业合作。

5.2.4 掌握价格磋商的常用方法和技巧

价格磋商原本是指海关在使用除成交价格以外的估价方法时,在保守商业秘密的基础上,与纳税义务人交换彼此掌握的用于确定完税价格的数据资料的行为。而这里的价格磋商泛指采购企业与供应商之间反复商量价格的行为。由此可见,价格磋商会较多地出现在采购谈判活动中。

那么,采购企业与供应商在采购谈判过程中可能会使用的价格磋商方法有哪些呢?

(1)尽可能避免接受第一次报价

在谈判采购中,也可以由采购企业先向供应商询价,并邀请供应商提供报价。但要注意的是,由于谈判采购中供应商提出的第一次报价采购企业可不予接受,因此才会出现价格磋商。因为有价格磋商环节的存在,所以采购企业应尽可能避免接受供应商的第一次报价,如表5-3所示为价格磋商环节可能用到的磋商报价一览表。

实用范本 表5-3 磋商报价一览表

项目编号:

项目名称:　　　　　　　　　　　　　　　　　　　　　　　报价单位:人民币元

参考报价	项目服务期	备　注
大写: 小写:		

注：该报价应为供应商完成本项目包含的全部采购内容的含税价。

法定代表人（签字或签章）或其授权代表（签字）：_____

供应商名称（加盖公章）：_____

日期：_____

（2）尽可能低估供应商的第一次报价

采购企业低估供应商的第一次报价，目的是要在供应商提出报价后能真实地做出价格太高的意外反应。这样供应商就可能会因为采购企业对报价的意外表现而调低报价。如果采购企业对供应商提出的第一次报价都没有感到意外，则供应商就会下意识认为采购企业完全能够接受他们提出的报价，对于后期采购企业进行价格谈判是非常不利的。

（3）善用价格小数位

日常生活中，我们常常在一些商场或超市看到类似于9.99元、49.9元、79.9元和89.99元等商品价格，要说这些价格分别与10元、50元、80元和90元相差很大，好像也不是，也就0.01元（1分）或0.1元（1角）的差距，但消费者总是会觉得9.99元、49.9元、79.9元和89.99元等商品价格要比10元、50元、80元和90元低。这是因为定价方（即卖方）给了消费者价格心理暗示。

如果采购企业在采购谈判中确实很难压低价格，就可以考虑采用这种价格小数位的方法，使得单位产品价格看上去没有降低多少，供应商也能欣然接受，但一旦订单数量较多，就会便宜很多。

（4）吹毛求疵式还价

为了能站稳还价的"脚跟"，作为采购方，可以寻找供应商的弱点，或者提出供应商交易条款中过于苛刻的地方，以此为据进行还价，供应商就很有可能在价格上做出让步。在寻找供应商的弱点或苛刻条件时，可以从产品本身的质量、交货时间以及有无折扣等方面出发。

相应地，采购企业在第一次还价时注意不要还得太高，避免后续进行采购价格谈判时没有了多次还价的空间。因为如果采购企业第一次还价就在供应商的可接受价格范围内，一旦供应商接受了采购企业的第一次还价，那么采购价格就板上钉钉，采购企业便没有再享受低价采购的可能性了。

（5）设法隐藏购买意图

在采购谈判还价过程中，采购企业要设法隐藏自己的购买意图，切忌表露出对谈判供应商非选择不可的心态，如果表露出了这样的心态且被谈判供应商发现，采购企业将立即处于劣势，供应商就会以此来漫天要价。即使谈判供应商确实是采购企业目前可选的为数不多的供货方，也一定不要表现出强烈的购买意图，相反，可以暂不对供应商的报价做出应答，给供应商一种"不降价就放弃，然后另寻其他供应商"的错觉，给谈判供应商心理压力，刺激供应商尽快做出降价决定。

（6）了解供应商产品成本

采购企业可以利用合法、合理的手段收集谈判供应商的产品成本，并以此作为还价的依据，给予供应商适当的利润空间，还以一个合理的价格，让供应商不再有理由以高价出售产品，也使采购企业可以省去多余的还价环节，提高价格磋商效率。这一方法可有效防止采购企业由于卖方垄断市场而造成的不必要采购支出。

（7）进行必要的情感投资

采购企业在向供应商进行还价时，尽可能地表现出为供应商着想的态度，让供应商不好意思多赚采购方的钱。同时，双方在有过合作之后，可以保持良好的合作关系，有了实实在在的"人情"，在以后的价格磋商时就多了一项"筹码"。

具体操作时，可按照"抓大放小、赢得好感"的原则进行，即不要触碰供应商的利益敏感带，找到供应商并不在意的地方争取好处，获利的同时也能赢得供应商的好感。

5.2.5　牢记议价时需要注意的问题

采购企业与供应商在进行议价时，容易出现一些错误，双方都需要对一些注意事项引起重视。本节主要从采购企业的角度谈议价时需要注意的问题。

◆　还价时要敢于砍价

采购企业在向供应商还价时，要敢于大幅度地砍价，不要怕这样会得罪人，因为现在谈判双方还不是交易合作关系。大幅度砍价可人为增加谈判时的调价空间，对企业自身是有利的。在不断地议价过程中，双方就价格达成一致，就可能成为合作伙伴；达不成一致，就是谈判失败，对采购企业来说最多就是需要重新寻找供应商进行采购谈判。

◆　议价时不要乱还价

在上一小节的内容中已经介绍了价格磋商的方法和技巧，也就是说，采购企业在议价时一定不要乱还价，要掌握具体的方法进行还价。因为乱还价的后果可能是企业多支付不必要的采贩价款，增加企业的采购成本。

◆　以供应商利润空间为依据进行议价

无论是采购企业还是供应商，经营的目的就是获利。因此，在与供应商进行采购谈判时，议价要以供应商的利润空间为依据，虽然要降低自身的采购成本，但也要考虑到供应商可以获取一定的销售利润。这样才有可能达到双赢，否则采购企业一味地追求低价而忽视了供应商的获利空间，就很可能"逼"供应商放弃合作。

◆　不能忽视对供应商产品成本的考察

很多采购企业以为从供应商的利润空间出发就能很好地控制采购成本，

但实际上还忽视了供应商的产品成本可能"注水"的情况。为了切实保障自身利益，采购企业在与供应商议价时，还需考察供应商提供的产品成本信息的真实性。

◆ 牢记价格不是采购与否的唯一判断标准

在与供应商议价的过程中，采购企业不要因为供应商的价格质量达不到要求就同意低价采购，否则后期生产出的产品达不到销售要求，吃亏的还是企业自己。所以，议价过程中企业要综合考量供应商提供产品的质量与价格，尤其是质量更不可随意让步。

除此以外，对于交期和付款方式等，采购企业也需要认真考量，实在无法与供应商达成一致的，也不要通过低价采购来勉强自己购买。

◆ 议价前一定要确定参与谈判的人有权做主

相信部分采购人员在与供应商进行采购谈判时遇到过双方已经达成一致了，但供应商方参与谈判的人员却说自己没有权力做主，要回公司向领导或老板报告请示的情况。估计这时采购企业的谈判人员就会非常失望，花了那么多时间议价，结果对方却说做不了主，还要请示领导，白白耽误时间。对此，采购企业一定要在议价之前确定参与谈判的对方人员是可以完全做主的人，避免因权力受限而浪费时间，降低采购谈判的效率。

5.2.6 谈判过程中需要具备的能力

如果采购企业确定了要通过谈判采购方式来完成采购项目，则参与采购谈判的人需要具备各方面的能力，来保证采购谈判顺利完成，以为企业购入物美价廉的产品或服务。那么，参与采购谈判的人员具体需要具备哪些能力呢？

成本意识与价值分析能力。参与采购谈判的采购人员要有成本意识，要会为企业精打细算，要具备价值分析能力，从而站在成本效益角度为全业谋求物美价廉的采购物资。具备这样的能力，可以有效防止采购谈判过程中被参与谈判的供应商牵着鼻子走，致使谈判时处于劣势地位，不利于进行价格磋商。

预测能力。 市场经济中存在多种因素会影响供应商的产销情况，而产销状况会直接关系到采购方的采购活动的实施情况。为了降低由供应商产销情况变动可能给采购方带来的经济损失，采购方参与采购谈判的人员必须具备预测能力。不仅要能对供应商的产销情况进行准确预测，还要能对供应商的产品价格进行预测，以此给企业采购提供决策依据。

表达能力。 由于采购谈判中双方需要进行激烈的讨论和谈判，因此需要参与谈判的人具备良好的表达能力。不仅要求能正确、清晰地表达所需采购物品的规格、数量、价格、交货期限和付款方式，还要求谈判人员能快速地组织语言，简明扼要地表达己方的立场和谈判意愿，更要求谈判人员尽量在谈判表达过程中不出差错，语言表达逻辑严密，以免形成漏洞给对方抓住反击的机会。

人际沟通与协调能力。 在采购谈判过程中，为了使谈判顺利进行下去，参与谈判的人员需要具备良好的人际沟通和协调能力。当谈判氛围紧张时，可有效缓解氛围；当谈判各方态度散漫或不积极时，要及时沟通、调节，提高谈判的效率。如果在谈判过程中出现了双方矛盾激化的状况，就需要及时沟通，缓解双方的紧张关系，以期回归平和、冷静和理智的谈判环境。

危机意识和随机应变能力。 在采购谈判过程中，由于双方的交流存在很大的不确定性和变动性，因此难免会出现一些突发状况，导致己方处于不利地位。为了保证己方在谈判中处于有利地位，不管是采购方还是供应商，参与谈判的人员都需要具备一定的危机意识和较强的随机应变能力，以确保在突发状况发生之时能及时做出反应并采取有效措施应对。

决策能力。 决策能力是指决策者具有的参与决策活动、进行方案选择的技能和本领。因为采购谈判的目的就是要确定采购企业与供应商是否能达成合作关系，所以参与谈判的人员需要有决策能力，为己方做出是否与对方达成合作关系的决定。由于决定关系着谈判各方的利益，因此需要做出决定的人有准确的决策能力。

5.2.7 SWOT 分析法在采购谈判活动中的运用

SWOT 分析原本是基于内外部竞争环境和竞争条件下的态势分析，即将与研究对象密切相关的各种主要内部优势、劣势和外部机会、威胁等，通过调查列举出来，并依照矩阵形式排列，然后用系统分析的思想，把各种因素相互匹配起来加以分析，从中得出一系列相应的结论，而结论通常具有一定的决策性。后来 SWOT 分析法运用在了其他很多分析情境中，比如采购谈判活动中。

SWOT 分析法中，S（Strengths）即优势，W（Weaknesses）即劣势，O（Opportunities）即机会，T（Threats）即威胁。无论什么情境下，在进行 SWOT 分析时，都需要借助一个基本的模型，如图 5-1 所示。

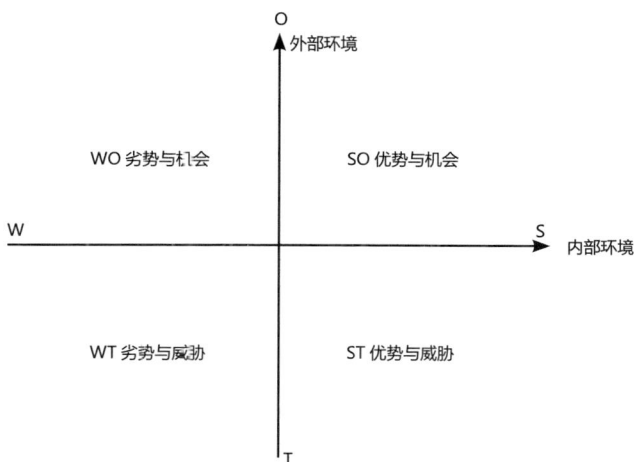

图 5-1 SWOT 分析法的基本模型

在采购谈判中，SWOT 分析法的具体运用可参考如下内容，对明确目身情况和掌握对方情报有明显的分析概括作用，这里立足于采购企业。

（1）SO 优势与机会

如果采购企业与供应商进行采购谈判时，既发现自己存在优势，又发现存在外部机会，则对采购企业来说是处于一种积极有利的谈判地位。自身的优势可能有这些：谈判能力很强的采购谈判队伍、支付信誉良好和资金实力雄厚等。而外部机会可能有：供应商之间存在激烈的竞争、所需购买的物资在市场中有很多替代品以及供应商急需出货等。

采购企业处在既有自身优势，又有外部机会的情况下，就可以在采购谈判中占据主导地位，采购方的谈判人员也可以按照自身需求适当压低采购价格，并在交货期和付款方式等方面提出对自己更有利的要求。比如采购企业急需物资开展生产活动，则可要求供应商尽早出货；暂无足够现金时向供应商提出以商业汇票或银行汇票等支付货款的办法。当然这些要求需要双方达成一致。

（2）WO 劣势与机会

如果在采购谈判中，采购企业很难发现自身有什么优势，反而劣势特别突出。此时也不要感到谈判无望，还需寻找外部环境中是否有机会存在可以帮助企业顺利完成谈判。如果有外部机会，则采购企业就处于既有自身劣势又有外部机会的环境中，此时企业可扬长避短，避开自身劣势的同时充分地利用外部机会。

比如，采购企业资金周转有困难，或者面临紧急采购，或者所需采购的物资在市面上很难找到同类产品作替代品等。但此时外部环境存在机会，如供应商急于出货，供应商提供的产品有细微的瑕疵等。此时，采购企业在谈判时一定不要表现出对物资的渴求，至于资金周转困难的事实，还是要让供应商知晓，同时要充分利用外部环境存在的机会，将谈判内容尽可能地引到有利于企业的一方。

（3）ST 优势与威胁

如果采购企业在采购谈判过程中发现企业自身具有优势，但外部环境会对己方的谈判地位构成威胁。此时就表明企业处于既有自我优势又有外部威胁存在的谈判环境中。

这里的外部威胁可能是供应商并不急着出货，或者是供应商发现了采购方急于购货的情报，又或者是供应商有稳定的销货渠道等。

此时，采购企业就需要充分利用自身优势，比如雄厚的资金实力、良好的支付信誉等。同时规避或解决外部环境带来的威胁，比如营造一种有另外的供应商供货的假象，或者是找出供应商的劣势，如所生产的产品存在瑕疵，或交货时间长等，以此来弱化外部威胁，找到外部机会，反转谈判地位。

（4）WT 劣势与威胁

如果采购企业在采购谈判中发现自身劣势突出，同时外部威胁也很明显，这时企业处于最恶劣的谈判环境中。比如企业急着购货而供应商却不急着出货，企业资金周转困难而供应商要求短期内付款，企业所需购买的物资只有很少供应商在生产等。

针对企业急着购货而供应商不急着出货的情况，采购方可在预算范围内适当提高采购价格，以期争取供应商供货。如果采购企业资金周转困难，就需要与供应商协商是否可以用其他非现金方式付款，如果不行，可通过以后长期进货需求来吸引供应商给予短期内的价格优惠。如果所需购买的物资供应范围较小，为了避免谈判供应商垄断市场，随意报价，可通过合法、正规的手段收集供应商产品成本的信息，以此为据限制供应商漫天要价。

总之，采购企业利用 SWOT 分析法了解到自身所处的采购谈判地位后，就要根据实际情况做出相应的谈判策略，以规避对己方不利的因素，减少己方的损失。

工作梳理与指导

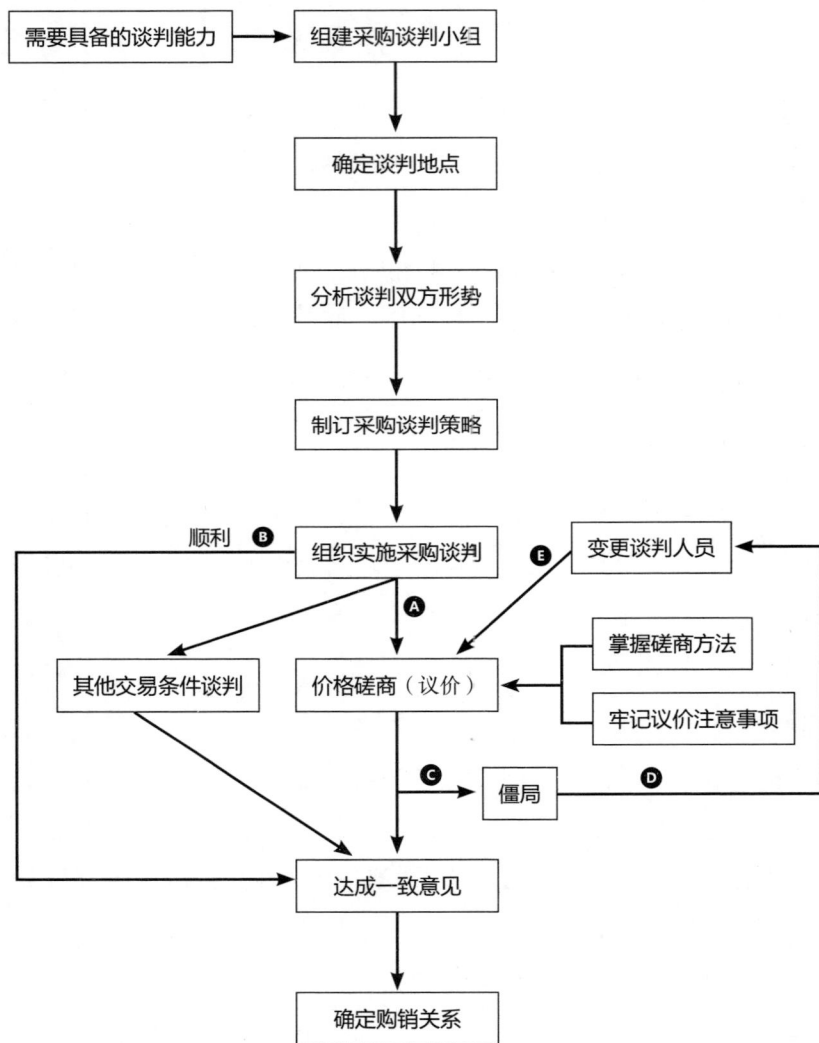

```
┌──────────────┐      ┌──────────────┐
│ 需要具备的谈判能力 │─────▶│ 组建采购谈判小组 │
└──────────────┘      └──────────────┘
                              │
                              ▼
                      ┌──────────────┐
                      │  确定谈判地点   │
                      └──────────────┘
                              │
                              ▼
                      ┌──────────────┐
                      │ 分析谈判双方形势 │
                      └──────────────┘
                              │
                              ▼
                      ┌──────────────┐
                      │ 制订采购谈判策略 │
                      └──────────────┘
                              │
                              ▼
        顺利 ❸      ┌──────────────┐  ❺   ┌──────────────┐
    ┌──────────────│ 组织实施采购谈判 │─────▶│ 变更谈判人员   │◀────┐
    │              └──────────────┘      └──────────────┘     │
    │               ❹ │                                       │
    │                  ▼                     ┌──────────────┐  │
┌──────────────┐  ┌──────────────┐          │  掌握磋商方法   │  │
│ 其他交易条件谈判 │  │ 价格磋商（议价）│◀────────┤──────────────┤  │
└──────────────┘  └──────────────┘          │ 牢记议价注意事项 │  │
    │               ❻ │                      └──────────────┘  │
    │                  ▼                                        │
    │              ┌──────┐   ❼                               │
    │              │ 僵局  │───────────────────────────────────┘
    │              └──────┘
    │                  │
    ▼                  ▼
┌──────────────┐
│ 达成一致意见   │
└──────────────┘
        │
        ▼
┌──────────────┐
│ 确定购销关系   │
└──────────────┘
```

按图索技

Ⓐ 在实际的采购谈判中，很少能发生采购企业与供应商的价格预期一致的情况，因此自然而然地需要进入价格磋商环节，双方展开议价，直到双方在各个方面达成一致意见。

Ⓑ 虽然采购谈判的双方给出的条件大多数时候都不会完全一致，但也不能排除双方交易条件一致的情况。这样的情况如果存在，采购谈判的双方就能顺利地达成一致意见，快速确定购销关系。

Ⓒ 在谈判采购方式下，采购谈判双方容易在交易价格方面僵持不下，采购方想要低价购买，供应商想要高价卖出，双方无法各退一步寻找出折中价格，而且在其他交易条件的协商中也可能形成僵局。

Ⓓ 为了使采购谈判在出现僵局后还能顺利进行，就需要打破僵局，而打破僵局的方法有很多，比如变更谈判人员，即撤换谈判人员或组长，或者增添谈判成员。当然，实务中肯定会存在僵局无法打破，采购谈判双方无法达成合作关系的情况。

Ⓔ 在变更了谈判人员后，要接着继续进行价格磋商以及其他交易事项的谈判，以完成整个采购谈判过程。

答疑解惑

问：在采购谈判中是不是该趁着对方节节败退而尽可能地予取予求？

答：通常来说，采购方最好不要在供应商处于弱势的时候予取予求，因为这样的话，供应商会在市场供需反转时对采购企业实施报复，比如刻意抬高价格、以缺货、断料等说辞拒绝及时给采购方供货，甚至暗中降低所提供产品的规格，使产品或服务无法达到采购方所需的品质。而且在采购谈判中处于弱势的供应商很可能在接近成交的时刻突然退出谈判，甚至终止整个交易，以此来对抗强势的采购方，此时采购方也会面临不能及时购得所需货物的风险，两败俱伤。但是，如果采购方拥有足够影响市场价格的采购量，且长时间都能维持这种水平的采购量需求，或是当次谈判采购本身就具有机会性，且供应商处于完全竞争市场中，则还是可以考虑一步步地向供应商予取予求。然而实际市场经济中，很难有企业可以处于这种能影响市场价格的地位。所以，还是尽量不要趁供应商处于弱势时步步紧逼。

问：进行采购谈判时要如何明确得失？

答：对于采购方，在采购谈判中要分清楚哪些条件一定要坚持，哪些利益应尽量争取，哪些利益可以放给供应商，这样有利于明确采购谈判中的得失。一定要坚持的条件一般是指

答疑解惑

如果对方不能满足就不作让步或不同意达成交易，比如用来生产的物料必须在生产之前到货，不能无限制地延迟发货，一定要给出具体的到货时间。尽量争取的利益一般指可以给企业带来正面影响的利益，在采购预算范围内可以通过利益交换来换取己方更需要的利益。可以让给供应商的利益一般是指对采购方没有太大正向作用的利益，或者是没有在考虑范围内的利益，为了促成双方达成交易，就可以将这样的利益让给供应商。总的来说，把握好哪些利益可有可无，哪些利益必须争取，有利于采购方掌握谈判中的得失。

问：实际采购谈判中会有哪些因素会阻碍成功谈判？

答：①谈判人员的个人风格与谈判氛围相抵触；②以前和对方有过矛盾；③认为谈判是输和赢的关系；④为了"赢"将谈判延续得太长；⑤参与谈判的人员其权限不足以达成协议；⑥将复杂的问题简单归结为"输赢"问题等。

实用模板

采购谈判初步评审表	合同谈判记录表	谈判议程纪要表
采购谈判计划表	竞争性谈判采购管理规程	谈判桌局势分析表
采购议价记录表	谈判僵局分析表	谈判桌上开局技巧分析表
对手谈判意愿分析表	谈判人员考核表	

第6章

以招标形式采购更公开透明

招标采购是指采购方作为招标方,事先提出采购的条件和要求,邀请众多企业参加投标,然后由采购方按照规定的程序和标准一次性从中择优选择交易对象,并与提出最有利条件的投标方签订协议的过程。由此可见,招标采购属于主动型采购方式,信息更公开、操作更透明。

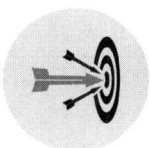

6.1　关于招标采购需要了解的基础知识

什么情况下可以使用招标采购？招标采购具体有哪些方式？招标采购的一般流程是怎样的？采购过程中有哪些需要注意的地方？招标采购活动会涉及哪些资料？通过本节内容的学习将清楚得知这些问题的答案。

6.1.1　招标采购的常见方式和适用条件

招标采购是政府采购最通用的方法之一，整个招标采购过程要求公开、公正和择优。招标采购方式不同，适用条件和范围也就不同。

（1）按招标范围划分

根据招标范围的不同，将招标采购分为公开招标采购、选择性招标采购和限制性招标采购。各方式的含义和适用条件如表6-1所示。

表6-1　不同招标范围的招标采购方式

采购方式	含　义	适用条件
公开招标采购	指通过公开程序，邀请所有有兴趣的供应商参加投标	①政府采购 ②合同价值5万元以上的物资，或合同价值50万元以上的工程，或合同价值50万元以上的服务，或采购目录中规定应当集中采购而未达到前述标准的项目
选择性招标采购	指通过公开程序，邀请供应商提供资格文件，或确定候选供应商，确定的供应商参加后续招标	①被邀请的供应商必须通过资格审核才能参加后续招标 ②在特定采购项目中确定一定期限内的候选供应商作为后续采购活动的邀请对象 ③所有供应商应得到平等对待 ④尽可能邀请更多的供应商参加投标

续上表

采购方式	含 义	适用条件
限制性招标采购	指不通过预先刊登公告程序，直接邀请一家或两家以上的供应商参加投标	①公开招标或选择性招标后没有供应商参加投标、无合格标 ②供应商只有一家，无其他替代选择 ③出现了无法预见的紧急情况 ④向原供应商采购替换零配件 ⑤因扩充原有采购项目需要考虑的配套要求 ⑥属于研究用的试验品、试验性服务 ⑦追加工程，必须由原供应商办理，且金额未超过原合同的50% ⑧与原工程类似的后续工程，并在第一次招标文件中已做规定的采购等

（2）按接受投标人范围划分

根据招标采购接受投标人范围的不同，将招标采购分为国际竞争性招标采购、国内竞争性招标采购、国际限制性招标采购和国内限制性招标采购。这些方式的含义如表6-2所示。

表6-2 不同投标人范围的招标采购方式

采购方式	含 义
国际竞争性招标采购	指没有国际限制，采购实体通过国际性媒体公开发布招标公告，邀请所有符合要求的供应商参加投标的一种招标采购方式
国内竞争性招标采购	指采购实体使用本国文字在国内主要媒体上发布招标公告，邀请国内所有符合要求的供应商参加投标的一种招标采购方式
国际限制性招标采购	指采购单位不发布招标公告而直接邀请国外供应商参加投标的一种招标采购方式
国内限制性招标采购	指采购实体不发布招标公告而直接邀请国内供应商参加投标的一种采购方式

很显然，这些类型的招标采购，各自的适用条件就是其地域范围条件。

至于是采用竞争性招标采购还是限制性招标采购，就要根据采购实体（即采购方）自身的采购需求而定。

6.1.2 招标采购的流程及过程控制点

招标采购可分为竞争性招标采购和限制性招标采购，它们的基本做法是相似的，主要区别在于招标的范围不同。竞争性招标采购是向整个社会公开招标，而限制性招标采购是在选定的若干个供应商中招标。

（1）竞争性招标采购的流程和控制点

一个完整的竞争性招标采购的过程由供应商调查和选择、招标、投标、开标、评标、决标及合同授予等阶段组成。

◆ 供应商调查和选择

供应商调查通常是指对供应商的基本资信情况进行调查，从而选择出资信情况符合要求的供应商参与投标。

资信属于名誉权范畴，由民事主体的经济实力、经济效益、履约能力和商业信誉等要素决定，也可简单理解为信用。

对供应商的基本资信情况进行调查，可简单概括为资信调查，即对供应商的注册登记情况、股权结构、人力资源、经营业绩、管理水平、财务状况、行业声誉以及以往信用情况等进行调查研究，必要时可进行实地调查，根据调查结果出具信用报告并对其信用等级给予评定。

除此以外，也不能忽视对供应商基本情况的调查，如供应商名称、地址、生产能力、能提供什么产品、能提供多少、价格如何、质量怎样、市场份额有多大以及运输进货条件如何等。

在该环节，控制点主要是招标人的采购需求以及采购预算，只有控制好这些标准，才能保证找到合适的供应商。

◆ 招标

招标是招标人（采购方，下同）事先发出招标公告或招标单，规定所需采购物资的品种、数量、技术要求和有关交易条件，在规定的时间、地点邀请投标人（供应商）参加投标的行为。

在开始招标前，招标人应确保有进行招标项目的资金，或者资金来源已经落实，并且应在招标文件中如实载明资金及资金来源情况。

实施招标时，招标人或招标代理机构要将招标信息发布在报纸、电台、电视广播或者网络媒体上，以吸引众多企业单位参加投标竞争，招标人再从中择优选择中标单位作为供应商。这里的招标信息包括招标人，招标的工程、物资或服务的名称和范围、招标时间、标段划分、数量、投标人的资格要求、报名时间、开标时间以及招标人或招标代理机构的联系方式等。

为了防止投标人在投标后撤标或在中标后拒不签订合同，招标人通常都会要求投标人提供一定比例或金额的投标保证金。而招标人决定中标人后，未中标的投标人已缴纳的保证金予以退还。

在招标阶段，控制点主要是评标标准和各种招标信息的真实性、可靠性。在该阶段涉及的文件资料，在 6.1.3 节中做详细说明。

◆ 投标

投标是投标人（供应商，下同）应招标人的邀请，根据招标公告或投标邀请书规定的条件，在规定的期限内，向招标人递盘的行为。

投标人在取得招标文件后，认真分析研究，编制投标书，并在招标文件规定的时间内将投标书送达指定地点。投标书的内容要非常明确，包括投标的经营事项和经营方针、经营目标、经营措施、要求、外部条件以及中标后与招标人签订合同所要包含的重要内容等。

在投标环节，对招标人来说，控制点主要是确保投标人提供的投标文件的真实性、合法性，还有投标人数量，防止投标人数量不足 3 家的情况。

知识扩展 投标人递交投标书的注意事项

①投标人必须按照招标文件规定的地点，在规定的时间内送达包括投标书在内的投标文件，且投递的方式最好是直接送达或委托代理人送达。

②投标人不能将投标文件送交到招标文件规定地点以外的地方，如果因为递交地点出错而延误投标时间，将被视为无效标而被拒收。

③若投标人采用邮寄方式送交投标文件，则投标人必须留出邮寄时间，保证投标文件能在截止日前送达招标人指定地点。若投标文件在截止日过后才送达，招标人或招标代理机构应原封退回，不得进入开标阶段。

◆ 开标

开标指投标人提交投标文件后，招标人依据招标文件规定的时间和地点，开启投标人提交的投标文件，公开宣布投标人的名称、投标价格和其他主要内容的行为。

一般来说，开标时间与投标截止时间应为同一时间。由于开标公开进行，所以应有一定的相关人员参加。开标通常由招标人主持，如果招标人委托招标代理机构代理招标，开标也可由代理机构主持。主持人按照规定的程序负责开标的全过程，其他参与开标的人员负责开标的实施和记录工作。另外，所有投标人或其代表都应被邀请出席开标活动，而招标项目主管部门的人员和监察部门代表等也需参与开标活动。

在该环节，比较重要的控制点是防止投标人无理由撤标或紧急撤标。

◆ 评标

评标指评标委员会和招标人依据招标文件规定的评标标准和方法对投标文件进行审查、评审和比较的行为。这是招标采购中非常重要的环节，因为评标是否真正做到公开、公平、公正，决定着整个招标采购活动是否公平、公正，也决定着招标人能否从众多投标竞争者中选出最能满足招标项目要求的中标者。

在评标环节组建的评标委员会或评标小组，其成员必须有表 6-3 所示的几类人群。

表 6-3 评标委员会或评标小组必须有的成员及其责任

评标成员	责任／工作
招标人代表	在评标过程中充分表达招标人的意见，与评标委员会或评标小组的其他成员沟通，监督评标实施的全过程
相关技术方面的专家	由招标项目相关专业的技术专家参加评标委员会，对投标文件中规定的采购项目技术上的可行性、合理性、先进性和质量可靠性等技术指标进行评审比较，确保投标人在技术和质量方面能满足招标文件的要求
经济方面的专家	由经济方面的专家对投标文件提供的投标价格、投标方案的运营成本以及投标人的财务状况等进行评审比较，以确定在经济上对招标人最有利的投标
其他方面的专家	根据招标项目的不同情形，招标人还可聘请除技术专家和经济专家以外的其他方面的专家参加评标，比如聘请法律方面的专家参加评标，对投标文件的合法性进行审查

另外，评标委员会或评标小组的成员人数通常应在 5 人以上的单数，而各方面专家的人数不得少于成员总数的 2/3，充分发挥专家在评标过程中的权威性，以此保证评标结果的科学性、合理性。而评标的标准大致分为两大类：价格标准和非价格标准，具体有运费和保险费、付款方式、交货期、运营成本、货物的供给能力、相关培训、安全性、环境效益以及投标人和参与提供服务的人员的资格、经验、信誉、可靠性、专业和管理能力等。

在该阶段，主要控制点是评标委员会或小组组建的规范性、评标标准的客观性以及专家成员的资格审核等。

◆ 决标

决标是最终选择中标单位的过程，一定要在评标的基础上进行。通常，中标单位的报价应低于标底（指招标人准备付出全部费用的额度），但中标的投标单位的报价却不一定低于标底，也不一定是该投标单位的最低标价，因此还需要分析该投标单位报价的合理性。换句话说，决标的标价应控制在标底预先定好的幅度内。

由此可见，在该环节主要控制点在于中标单位的报价合理性以及中标单位的报价要在标底预先定好的范围内。

◆ 合同授予

合同授予指招标人把投标文件规定的合同授予有能力履行合同的投标人的一种招标程序。注意，招标人可完全按投标书授予合同，也可只接受投标文件中的一个或一组项目。

在该环节，控制点主要是授予合同的具体范围，即按照采购需求确定是完全按投标书授予合同，还是只接受投标书中的部分项目授予合同。

（2）限制性招标采购的流程和控制点

限制性招标采购也称谈判招标采购或协商招标采购。招标单位根据拟采购项目或拟建工程的特性和技术要求，找一家有能力供货的供应商或承包该工程的承包商，请其对采购项目或拟建工程提出报价，然后直接进行价格或工程造价以及合同的谈判。

从其概念就能清晰了解限制性招标采购的流程，即招标单位先确定采购标准和要求，然后主动寻找有能力的供应商并邀请其提出报价，然后进行价格与合同条款的谈判。

限制性招标采购与竞争性招标采购相比，一个明显的区别就是，参加投标的投标人为两家以上，但因为进行的是一对一谈判，所以是一家不中标再寻找下一家，直到谈成为止，即使可能有两家或两家以上的议标参加人，实际上也是一对一地分别谈判。这会大大增加采购活动的实施时间，降低采购工作的效率。所以，限制性招标采购一般用于有保密性要求或专业性、技术性要求较高的特殊采购项目或工程。

由此可见，限制性招标采购的控制点表现在招标单位对采购标准和要求的制定要客观，以及谈判过程的控制。

6.1.3 实施招标采购需要用到的资料

从招标采购的流程可以总结出招标采购中需要用到的资料，大致包括招标公告、招标文件、投标文件、投标书以及评标标准和办法等。其中投标文件由供应商准备，而投标书的样式一般在招标文件中做规定，这里不再单独介绍。

实用范本 ×× 项目招标公告

1. 招标条件

本招标项目＿＿＿＿＿＿＿（项目名称）已由＿＿＿＿＿＿＿（项目审批、核准或备案机关名称）以＿＿＿＿＿＿＿（批文名称及编号）批准建设，项目业主为＿＿＿＿＿＿＿，建设资金来自＿＿＿＿＿＿＿（资金来源），项目出资比例为＿＿＿＿，招标人为＿＿＿＿＿＿。项目已具备招标条件，现对该项目＿＿＿＿＿＿（单项＋标段）进行公开招标。

2. 项目概况与招标范围

＿＿＿＿＿＿＿＿＿＿＿＿＿＿＿＿＿＿＿（说明本次招标项目的建设地点、规模、计划工期、招标范围等）。

3. 投标人资格要求

本次招标要求投标人须具备＿＿＿＿＿＿＿资质，并在人员、设备、资金等方面具有相应的施工能力。

4. 招标文件的获取

4.1 凡有意参加投标者，请于＿＿＿年＿＿月＿＿日至＿＿＿年＿＿月＿＿日，每日上午＿＿＿时至＿＿＿时，下午＿＿＿时至＿＿＿时（北京时间，下同），在＿＿＿＿＿＿＿＿＿＿＿＿（详细地址）持单位介绍信购买招标文件。

4.2 招标文件每套售价＿＿＿＿元，售后不退。图纸资料押金＿＿＿＿元，在退还图纸资料时退还（不计利息）。

4.3 邮购招标文件的，需另加手续费（含邮费）＿＿＿＿元。招标人在收到单位介绍信和邮购款（含手续费）后＿＿＿＿日内寄送。

5. 投标文件的递交

5.1 投标文件递交截止时间（即投标截止时间）为＿年＿月＿日＿时＿分，地点为＿＿＿＿＿＿＿＿＿＿＿＿＿。

5.2 逾期送达的或者未送达指定地点的投标文件，招标人不予受理。

6. 发布公告的媒介

本次招标公告同时在＿＿＿＿＿＿＿＿（发布公告的媒介名称）上发布。

7. 联系方式

招标人：＿＿＿＿＿＿＿	招标代理机构：＿＿＿＿＿
地址：＿＿＿＿＿＿＿＿	地址：＿＿＿＿＿＿＿＿
邮编：＿＿＿＿＿＿＿＿	邮编：＿＿＿＿＿＿＿＿
联系人：＿＿＿＿＿＿＿	联系人：＿＿＿＿＿＿＿
电话：＿＿＿＿＿＿＿＿	电话：＿＿＿＿＿＿＿＿
传真：＿＿＿＿＿＿＿＿	传真：＿＿＿＿＿＿＿＿
电子邮件：＿＿＿＿＿＿	电子邮件：＿＿＿＿＿＿
网址：＿＿＿＿＿＿＿＿	网址：＿＿＿＿＿＿＿＿
开户银行：＿＿＿＿＿＿	开户银行：＿＿＿＿＿＿
账号：＿＿＿＿＿＿＿＿	账号：＿＿＿＿＿＿＿＿

＿＿＿＿年＿＿＿＿月＿＿＿＿日

实用范本 招标文件

第一章　投标人须知表

…………

第二章 技术要求及清单

…………

第三章 合同书及合同条款

合 同 书

合同编号：_____

本合同由_____（买方）与_____（卖方）在_____签订，卖方愿以总价格（大写）人民币：_____整（¥：_____元），向买方提供本合同货物及相关服务，并经双方协商同意下列条文：

1. 本合同买卖双方必须遵守《中华人民共和国合同法》，并各自履行应负的全部责任。

2. 下列文件均为本合同不可分割部分，其先后解释顺序为：

（1）合同书、合同条款及技术协议书。

（2）招标文件（如有）。

（3）卖方中标的投标标书（如有）。

3. 卖方保证全部按照合同条款规定和交货期向买方提供上述合格的产品和服务。

4. 买方保证按合同中规定的时间和方式付给卖方到期应付的货款。

本合同共_____份，买方_____份，卖方_____份。

买方：_____ 卖方：_____

代表签字：_____ 代表签字：_____

签字日期：___年___月___日 签字日期：___年___月___日

开户行：_____ 开户行：_____

银行账号：_____ 银行账号：_____

税号：_____ 税号：_____

电话：_____ 电话：_____

传真：_____ 传真：_____

地址：＿＿＿＿＿＿＿＿＿＿＿　　地址：＿＿＿＿＿＿＿＿＿＿＿

邮编：＿＿＿＿＿＿＿＿＿＿＿　　邮编：＿＿＿＿＿＿＿＿＿＿＿

合　同　条　款

买卖双方就本合同项下货物买卖相关事宜达成一致意见，双方同意按以下条款规定执行本合同。

…………

第四章　投标文件格式

一、法定代表人授权书

…………

二、投标函

…………

三、投标报价书

…………

四、供货细化清单

…………

需要注意的是，招标人制作的招标文件除了有主体招标内容外，还需附封面和目录，因为招标文件通常页数较多，为了便于投标人阅读使用，需要在正文前附目录页。

实用范本 评标标准及办法

一、总则

第一条　编制依据

招标人根据《中华人民共和国招标投标法》、《评标委员会和评标方法暂行规定》（七部委令12号）、《工程建设项目施工招标投标办法》（七部委令第30号）、《评标专家和评标专家库管理暂行办法》（国家发展计划委员会令第29号）、《房屋建筑和市政基础设施工程施工招标投标管理办法》（建设部令第89号）等有关法律、法规及规章，结合本招标工程实际情况，制定本评标办法（以下简称"本办法"）。

第二条 评标办法类型

本办法属于综合评估法。

第三条 适用范围

本办法仅适用于_____工程（以下简称"本招标工程"）建筑安装工程施工总承包招标的评标活动。

第四条 评标时间

为保证评标工作的实施和质量，招标人和评标委员会应根据评标工作的实际需要安排足够的评标时间。在递交投标文件的投标人数量多于 7 家时，评标时间不应少于两天。

第五条 与招标文件的关系

本办法是本招标工程施工总承包招标文件的组成部分。

第六条 评标原则

1. 公平、公正、科学和择优。

2. 依法评标、严格保密。

3. 反对不正当的竞争。

4. 定性的结论由评标委员会全体成员按少数服从多数的原则，以记名投票方式决定。

第七条 监督

招标人接受_____（有管辖权的招标投标行政监督机构）对本招标工程招标活动依法实施的监督。

二、评标程序

第八条 评标程序

评标委员会按照下面的步骤进行评标：

第一步：组建评标委员会，选举评标委员会主任，由评标委员会主任进行分工。

第二步：评标准备工作。

第三步：对投标文件进行基础性分析和整理工作。

第四步：投标人资格审查。

第五步：初步评审。

第六步：技术部分评审，技术部分评审采取量化打分方式。

第七步：商务部分评审，商务部分评审采取量化打分方式。

第八步：汇总技术部分和商务部分的评分结果，计算综合加权得分并按综合加权得分由高至低排出名次，推荐前 3 名作为中标候选人。

第九步：整理评审结果，编制评标报告并由评标委员会全体成员签字确认后向招标人递交评标报告。

第十步：评标委员会结算，评标结束。

第九条 特殊情况的处置程序

…………

九、附表

第二十九条 评标表格

以下附表是本办法的组成部分：

附表 1：评标委员会签到表

附表 2：投标人资格审查表

附表 3：投标偏差分析表

附表 4：初步评审记录表

附表 5：技术部分评审记录表

附表 6：商务部分评分记录表

附表 7：质疑问卷及回复格式

附表 8：各评委评分汇总及得分换算表

附表 9：评标结果汇总表

…………

注意，评标中使用的表格是否作为评标标准及办法，由招标单位自行决定，但为了规范评标操作，通常会将评标标准作为办法的组成部分。该范本中的评标表格在本章最后的实用模板中展示。

6.2 不同物料招标采购的实施

实务中，采购对象（即所需采购的物料或服务）不同，招标采购在实施时会有差异。下面针对企业经营过程中常见的一些物料采购，介绍招标采购活动的具体情况。

6.2.1 生产性原材料的招标采购

由于生产性原材料很多都是比较普通的材料，通过询价采购或谈判采购都能完成采购，只有一些特殊的原材料需要通过一定的技术才能生产得到，在采购方式的选择上会更倾向于招标采购。因此，并不是所有生产性原材料都适合采用招标采购方式进行采购。

那么，生产性原材料采用招标采购方式进行采购时，需要注意的问题有哪些呢？

（1）设置上限价格

可以使用招标采购方式进行采购的生产性原材料比较特殊，如建筑施工单位需要用到的施工材料，质量的好坏直接影响最终产品的质量。出于购买方对质量的高要求，以及人们存在的"价格高质量好"的潜意识，一些供应商就会随意抬高原材料售价，很显然，这对采购方是非常不利的。

为了避免供应商随意抬高价格给采购企业带来不必要的经济损失，采购企业需要在采购计划中制定采购价格的上限。当然，这一上限价格是基于对所需材料的生产工艺水平、技术标准以及成本构成等的客观分析上确定的，以免价格上限的制定不合理。

（2）中标供应商的数量要把控好

以招标采购方式寻找供应商的，中标供应商通常是一个。而实务中，采购企业对生产性原材料的需求通常是持续不断的，很多企业可能会担心只确定一个供应商会面临断货的风险，所以就会在招标采购中多确定一些中标供应商，以备不时之需。出于对风险的防控，这样的做法也不是不可以。

但是，采购企业在确定两个或两个以上中标供应商后，就要做好供应商的管理，切忌在待遇和合作关系上厚此薄彼。一旦某个供应商察觉到自己的身份不被重视，就会产生不满情绪，严重时就会降低供应商的积极性，影响其供货速度和质量，这对有持续供货需求的采购方来说是不利的。

而如果只确定一个中标供应商，采供双方就可以专注地维护合作关系，只要确定了合理的价格，以及相应的重要交易条款，供货商就必须按约定供货，如果不按约定供货，采购方就有充足的理由与其探讨是否还有继续合作的必要。但如果是因为企业的厚此薄彼影响到供应商的利益，供应商在提出价格变动或者其他交易事项变动时，采购方就没有充足的理由伸张自身的权益。

由此可见，生产性原材料在招标采购过程中一定要把控好中标供应商数量，实在要选择多个供应商时，就要做到公平对待。

（3）积极寻找替代物料

在前面的内容中也有提及，能够采取招标采购方式采购的生产性原材料，必然是一些技术含量较高，或者是材质特殊的材料。这样就容易在采购过程中面临垄断市场，从自身利益出发，采购企业不能任由供应商漫天要价，此时就需要在不影响产成品质量的情况下积极寻找可以替代的物料，在可以提供替代物料并保证质量的供应商中选择目标供应商。当然，也是采用招标采购的方式，以此来有效控制替代物料的质量和服务。

6.2.2 机器设备等固定资产的招标采购

机器设备是用来生产待售产品的重要工具，比起大多数生产性原材料，它的生产所需技术水平会更高，因为要适当地保证运作稳定性。那么，这类物资在进行招标采购时又需要注意哪些问题呢？

（1）采购方对技术的要求不要过于苛刻

市场中，除医药和医护产品、建筑安全防护产品等这些关乎大众民生以及人员安全问题的产品需要非常严格地把控产品质量外，其他大众消费品的质量只要符合国家标准或行业标准就不会有太大的问题，因此对于生产设备的要求也就不需要过分苛刻，能够生产出符合质量要求的产品即可。

所以采购方也不要在招标采购中对参与投标的供应商有太过严苛的技术要求，同时也不要制定过低的采购价格。否则，供应商会因为技术要求过高且价格太低而选择不参与投标，最终可能导致没有供应商参与投标，采购方的招标采购宣告失败。

所以，采购企业要在全面认识所需购买的机器设备的大众技术水平的情况下对投标供应商的产品质量提出合理要求，尤其是在技术方面，只要不是非要高端、精准的水平才能生产出相应产品，就没有必要在机器设备的技术上过分为难供应商。

（2）要更重视机器设备的制造细节

一个单位的机器设备与一个单位的生产性原材料相比，个头通常会更大，且机器设备又是用来生产的手段，因此机器设备的细节问题更要得到重视。采购方在实施招标采购时，不能一味地听供应商说自己的产品如何好，运用的生产技术如何高，而要切实地看清供应商提交的产品参数资料，从各个参数中判断其提供的机器设备的质量是否达到要求的标准。对于重要的参数信息一定要有说明，因为这些参数的详尽程度可有效说明供应商对自己生产的机器设备的细节重视程度。越全面、细致且真实的数据，才越能反映机器设备的制造精良。

（3）重视机器设备的售后服务

机器设备与一般的生产性原材料很明显的不同是，机器设备自购买后会延续使用很长一段时间，这一过程中就可能出现机器设备故障，此时就需要对其进行维修，如果供应商提供的售后服务不到位，就可能导致采购方增加机器设备的维修成本。

所以，为了减少采购方在使用机器设备过程中的麻烦，从而减少机器设备的使用成本，在招标采购时就需要重视供应商提供的售后服务质量。良好的售后服务能为机器设备日后的使用提供便利，当机器设备出现故障时，使用方也能少操一点心。

实务中，为了使机器设备的招标采购工作更严谨，采购企业可形成专门的设备招标工作流程，以规范招标工作的实施。

实用范本 设备招标工作流程

设备招标应先做技术方案的比较，选择低成本、高效率的最佳方案。

1. 设备招标

设备招标是招标单位对设备事先公布招标条件和要求，众多厂商投标参与竞争，招标单位按照规定的程序选择中标厂商的行为。

2. 招标范围

根据市标办"设备招标投标管理规定"，金额在 10 万元以上的单台设备（或机组）或单项工程中符合下列条件之一的，并且总金额在 50 万元以上的设备的采购，均应招标。

（1）构成系统的设备，非标准的工艺设备。

（2）生产线成套专用设备。

（3）单台设备（或机组）金额不足 10 万元，但同类设备较多的。

（4）为小区（或建筑群）配套的变电站、集中供热站、调压站等的设备。

3. 设备招标书的主要内容

（1）邀请信：说明招标单位的名称，招标工程项目中设备的名称及地点，标书发布的时间。被邀请单位在收到此信后则应以答复，说明是否愿意投标。

（2）投标人须知：应该详细说明对投标人在准备和提出设备价单方面的要求，如提出的日期、时间、地点、到货日期等。

（3）投标书及附件是对双方均有约束力的合同的一个组成部分。

（4）合同协议书是确认双方在合同实施期间所享有的权利，承担的责任和义务的共同协定。

（5）投标保证金或保证书。

（6）合同条件，主要明确付款方式、质量要求、到货时间等。

（7）规定规范，如资质证明、生产许可证证明、质量保证体系的证明等。

（8）图纸及设备资料附件。

（9）设备规格、型号、数量清单。

4. 投标厂商的选择原则

（1）具有年审通过的营业执照、生产许可证等。

（2）公司简介及以往业绩。

（3）售后服务的优劣及企业的信誉。

5. 开标、评标与定标

（1）开标方式，通常有 3 种方式：

A. 公开开标，在投标企业参加的情况下当众公开进行。

B. 有限开标，对投标企业逐个进行开标。

C. 秘密开标，由招标单位有关人员参加开标。

（2）评标：评标是从技术、商务、法律、管理等方面对每份报价提出的费用予以分析评价。最佳标应是技术上较合理、售后服务优，同时费用又最低的报价书。

在商务、法律方面主要有：

①合同方面的评价内容：

A. 条款例外情况　B. 保险　C. 协商合作程度　D. 法律有关问题

②成本方面评价内容：

A. 数据复核　B. 劳动定额　C. 额外费用　D. 可比造价工时结算

③财务方面评价内容：

A. 财务实力　B. 支付能力　C. 债务情况　D. 付款条件

E. 外汇兑换率

④在技术方面主要有：

A. 执行设计上要求的能力　B. 数量控制　C. 质量控制

D. 进度控制　E. 技术领先程度

（3）比价

比价是在各投标人的报价书统一的基础上进行比较，在比较各家标价高低的同时还要考虑如下因素：

①设备的交货期、交货地点。

②营运成本。

③设备的性能和互换性。

④维修服务及零配件供应的可靠性。

（4）定价签约

定标谈判结束。招标一般应选择质量、技术在同一水平上，总价合理的投标厂商。确定中标厂商后，依据招标文件中的合同主要条款与之签约。

6.2.3　废旧物资和大宗废料的招标拍卖

招标拍卖从字面上理解，就是通过招标的方式将东西卖出去。具体操作时，由拍卖人事先公布拍卖标的的具体情况和拍卖条件，然后竞买人在规定时间内将密封的标书递交拍卖人，由拍卖人在事先确定的时间公开开启，当场确认各人报价后选择出价最高者成交。

为什么废旧物资和大宗废料要采取招标拍卖方式售出呢？因为废旧物资和大宗废料是采购企业在最初采购时付出了采购成本而获得的，所以售出时也想要尽可能地收回成本，采用招标拍卖的方式比较容易达到目的。

废旧物资和大宗废料在招标拍卖时需要注意如下几个方面。

◆ 要进行明确的分类

废旧物资和大宗废料都是对不需要的物资或废料的统称，其中可能包括多种多样的废旧物料。不同的废料其剩余价值以及本身的用途等都会不同，进行明确的分类，才能在拍卖时更精准地找到买家。

◆ 制定保证金规则

由于废旧物资和大宗废料在购买者心理上处于一种"价格合适就买，价格不合适也可以不买"的可有可无地位，因此竞买者很可能在拍卖竞标后反悔，不再想要购买这些废旧物资或者大宗废料。如果不制定保证金规则，出现这种情况就只能由拍卖方承担损失，显然拍卖方不愿意看到这样的情况发生。

但要注意，拍卖方在制定保证金规则时，保证金数额的确定要合理，不能高于被拍卖废旧物资和大宗废料的实际价值，否则有意愿竞买的商家宁愿不买，也不会花高额保证金承担违约风险。这时，拍卖方可根据竞买方不履行竞买后的购买义务会给拍卖方带来的机会成本以及废旧物资和大宗废料的储存成本，确定保证金数额，一般是要低于被拍卖物资的实际价值。

◆ 提供废旧物资和大宗废料的明细资料

招标拍卖的过程中，不仅要对竞买者有严格的要求，拍卖者也要尽到自己的职责。为了让竞买者没有疑问地竞买废旧物资和大宗废料，拍卖者应将被拍卖的废旧物资和大宗废料的具体情况进行公示，如物资、物料什么时候购进的，主要用来做什么，现在的成新度是多少，购进时的价格是多少，目前各类物资、物料分别还剩余多少等。

只有让竞买者切实了解了废旧物资和大宗废料的具体情况，做出的竞买决定才可能是经过深思熟虑的，这也能降低后期反悔的可能性。

◆ 关于售后问题的处理

废旧物资和大宗废料本身就是企业用过但没有用完，或者认为其质量已经达不到投入生产标准的物料，因此竞买者买回去之后也可能会出现一些双方都无法预料的问题。针对这样的情况，拍卖方要在拍卖流程和相关文件中对售后问题的处理进行说明，由谁负责、负多少责等，以免产生纠纷，得不偿失。

6.3 整个招标过程中需要重视的点

招标采购是比较严肃且严谨的采购方式，但有一些参与人为了自身利益，会在招标采购过程中使用一些"手段"或"套路"，如果对方没有留意到，就很可能蒙受损失。本节就来系统地认识招标采购中需要重视的点。

6.3.1 了解开标时的废标和无效投标

废标是指招标采购中出现报名参加或实质性响应的供应商不足 3 家、存在影响采购公正的违法违规行为、投标报价均超过预算、因重大变故采购任务取消的情形时，招标采购单位做出的全部投标无效的处理。

从其含义可以看出，要判断是否是废标，就要符合 4 个条件，且是同时具备。即报名参加或实质性响应的供应商不足 3 家，存在影响采购公正的违法违规行为，投标报价超过预算，使得采购事项发生重大变化而最终导致采购任务取消。

无效投标是指某一投标供应商因投标文件某一方面存在法定情形之一的重大失误，招标采购人和评标委员会确定其投标无效。那么，投标文件或行为属哪些情形之一，就会被认定为无效投标呢？

①投标人没有交纳应交的投标保证金。

②投标人未按照招标文件规定要求密封、签署、盖章的。

③联合体投标未附联合体各方共同投标协议的。

④不符合法律、法规和招标文件中规定的其他实质性要求的。

由此可以总结出废标与无效投标的区别，如表 6-4 所示。

表 6-4　废标与无效投标的区别

区 别 点	废 标	无效投标
无效范围	指整个招标采购活动无效，一旦确认是废标，则招标、投标、开标和评标工作不得再继续，即使已经确定了中标供应商，中标也无效	指某一位或某几位投标人的投标文件经评标委员会初审认定为无效，失去参加被评审的资格，投标人在该次招标采购中失去中标的可能性。针对的只是投标人，而不是整个招标采购活动
引 发 人	废标的引发人可能是投标人，也可能是招标人	无效投标的引发人只是投标人
招标采购是否面临取消	取消	不取消，但排除无效投标的供应商后，若供应商不足 3 家，也会认定为废标，会取消招标活动

6.3.2　招标采购时企业应注意的问题

采购企业在运用招标采购时，一些注意事项一定要重视，这可以帮公司规避不必要的损失。

确定所需采购的物资适合招标采购。通过对本章的初步学习可以知道，招标采购有其具体的适用条件和场合。如果所需采购的物资并不适合采用招标采购，则可能因规则错失优质供应商，甚至会因为表面上选择了低价采购而导致后期隐性成本的增加，比如双方经常产生交易纠纷，其中涉及的时间成本和耽误生产进度的损失。

招标文件的编制要科学、细致。 招标文件中不仅要包括招标企业对所采购物资的招标要求，还要包括一些对投标企业文件格式的要求和规定。招标文件各个条款做到全面、细致，设计合理，能有效促进招标采购活动科学、顺利地实施并完成。

对供货商的供货情况做好监督。 因为招标采购对中标供应商来说，只是一次合作，后期是否还会继续合作尚未可知，因此就可能使其消极对待与采购企业的合作。作为采购方，为了避免供应商有这种情绪而给采购方造成损失，采购企业就需要对供应商的供货情况进行必要的监督，包括供货质量、速度以及售后服务等。

合规是基础，满足要求是目标。 随着招标采购活动中不断有操作不合规的现象出现，导致实施招标采购的企业将操作合规作为了判断一次招标采购质量的重要因素。而实际上，招标采购的合规性是最基本的应该达到的效果，更重要的是所采购的物资可以尽可能地满足采购企业的采购需求。所以，采购企业要明白招标采购实施过程中什么是应该做的，什么是要尽全力去争取做到的。

中标供应商质量低时要及时止损。 如果采购企业在招标采购中确定的中标供应商质量确实很低，且在后续双方合作过程中才发现，此时为了及时止损，需要考虑是否继续与其合作下去，忌拖泥带水、犹犹豫豫下不了终止合作的决心。

对采购部门员工进行采购方式培训。 根据实际情况，对企业采购部门的员工进行定期或不定期的采购方式培训，给他们学习各种采购方式的机会，以便日后工作中能井然有序地采用各种采购方式开展各类采购工作，对采购方式能运用自如。

工作梳理与指导

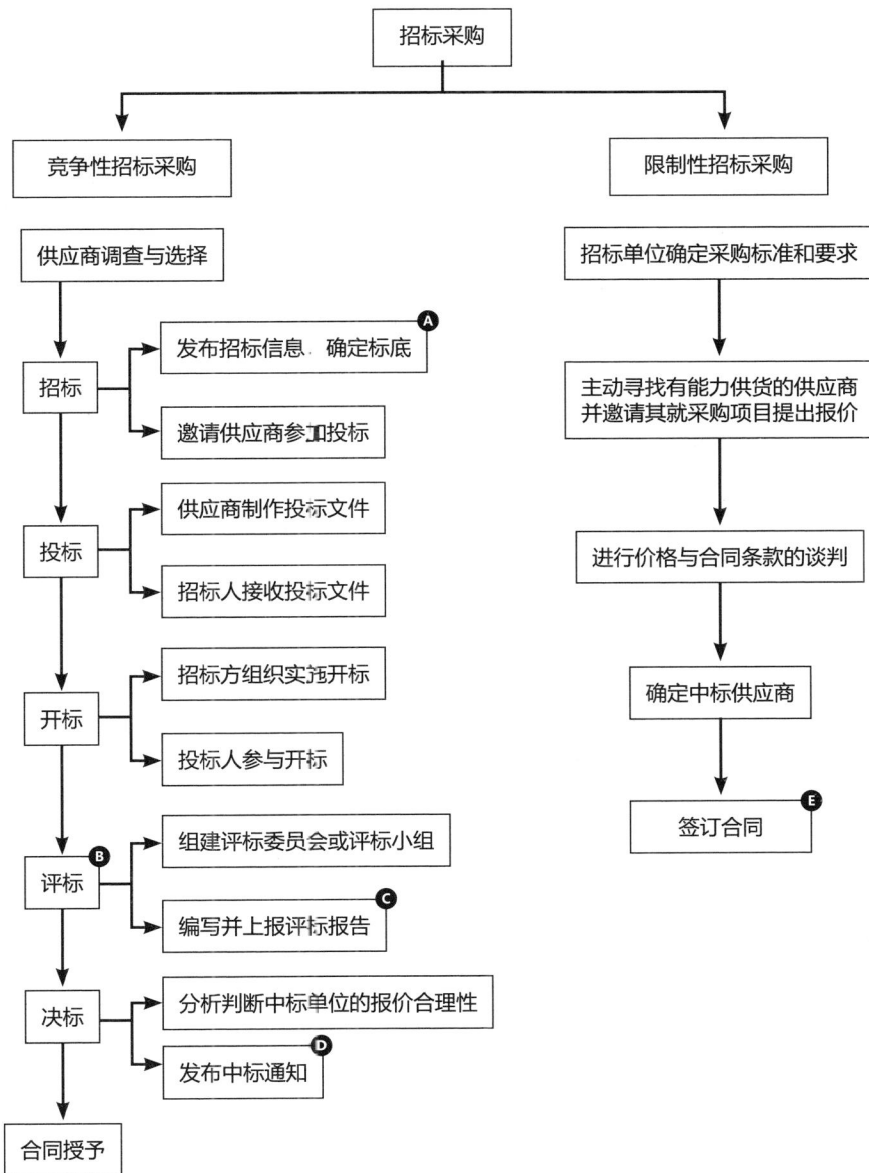

```
                    招标采购
        ┌──────────────────┴──────────────────┐
        ▼                                      ▼
  竞争性招标采购                          限制性招标采购
        │                                      │
        ▼                                      ▼
 供应商调查与选择                    招标单位确定采购标准和要求
        │                                      │
        │    ┌──► 发布招标信息，确定标底 Ⓐ        ▼
        ▼────┤                           主动寻找有能力供货的供应商
      招标   └──► 邀请供应商参加投标         并邀请其就采购项目提出报价
        │                                      │
        │    ┌──► 供应商制作投标文件             ▼
        ▼────┤                           进行价格与合同条款的谈判
      投标   └──► 招标人接收投标文件              │
        │                                      ▼
        │    ┌──► 招标方组织实施开标         确定中标供应商
        ▼────┤                                 │
      开标   └──► 投标人参与开标                 ▼
        │                                 签订合同 Ⓔ
        │    ┌──► 组建评标委员会或评标小组
        ▼────┤
      评标 Ⓑ └──► 编写并上报评标报告 Ⓒ
        │
        │    ┌──► 分析判断中标单位的报价合理性
        ▼────┤
      决标   └──► 发布中标通知 Ⓓ
        │
        ▼
    合同授予
```

按图索技

Ⓐ 招标人在正式招标前，或者在招标过程中，先要确定标底。简单来说，标底是采购项目的预期价格，也是通过科学、有效地计算方法计算出一个合理的基本价格。

Ⓑ 评标是竞争性招标采购中的一个重要环节，它也有其自身的操作程序，包括组建评标委员会或评标小组、评标准备、初步评标、详细评标、编写并上报评标报告。评标委员会或小组负责评标活动的组织协调工作，评标委员会主任或小组组长与其他成员享有同等的表决权；评标准备则需要了解和熟悉招标目标、招标项目范围和性质、招标文件中规定的主要技术要求和标准、招标文件规定的评标标准和方法等，进行合理分工编制相应表格，对需要匿名评审的文本进行暗标编码；初步评标主要是看供应商资格是否符合要求，投标文件是否完整、是否按规定方式提交投标保证金，投标文件是否大致符合招标文件的要求，有无计算上的错误等；详细评标主要是对各投标按评标价的高低，进行次序排列，当出现最低评标价远高于标底或缺乏竞争性时，应废除全部投标；编写并上报评标报告在评标工作结束后进行。

Ⓒ 在评标工作结束后，评标委员会或小组还要针对评标情况编写评标报告，并将报告上报给公司领导。

Ⓓ 招标人在确定中标人后，应向中标人发出通知，通知其中标。而通知中标人中标时需要用到的资料是中标通知书。

Ⓔ 在限制性招标采购流程的最后，招标人确定了中标供应商后，也要与中标供应商签订采购合同，明确双方的权利和义务。

答疑解惑

问：对于废标的投标保证金怎么处理？

答：因为废标也是未中标人的其中一部分，所以也应该像未中标人的投标保证金处理方式一样，将投标人交纳的投标保证金退还给废标的投标人。

问：如果在招标采购中接收到投标人的投诉，哪些情况可以不受理？

答：①投诉事项不明确，且未提供有效依据或线索，投诉事项难以查证；②以法人名义投诉但投诉书未经法定代表人签字并加盖公章的；③投诉事项已经进入行政复议或行政诉讼程序等。

问：评标结束后发现评标委员会在进行分数汇总时有算术错误怎么办？

答：如果不影响供应商之间的排序，尤其是不影响排名前三位的供应商名次的，在更改分数以后不做其他处理；如果影响前三位供应商的排名，则需要组织原评标委员会进行修正，必要时还应在行政监督部门的监督下进行评标结果修正。

问：评标时是否可以对投标人获得的相关奖项个数进行评分？

答：不可以。根据我国建设部的相关规定，企事业单位采用综合评估法进行评标时，各种评比奖项不得额外计分。

问：建筑施工类招标按资质标准三级企业可以承揽的项目，是否可以在招标文件中直接规定参与投标的为一级企业？

答：不可以。根据相关规定，这类招标采购活动中，招标单位不能对潜在投标人提出与招标工程实际要求不符的过高的资质等级要求和其他要求。

实用模板

初步评审记录表	评标委员会签到表	投标人资格审查表
技术部分评审记录表	商务部分评审记录表	招标代理委托协议书
评标结果汇总表	投标偏差分析表	质疑问卷及回复格式
各评委评分汇总及得分换算表		

第7章

处理采购订单跟进采购流程

采购订单是企业的采购部门在选定供应商后，向供应商发出的一种订货单据。它是采购双方订立采购合同的重要依据，包括了许多重要的采购信息。所以，做好采购订单的管理能保证采购企业掌控采购流程，以防所采购物资无法及时交货使企业蒙受损失的情况发生。

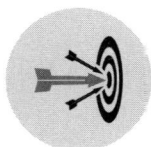

7.1 签订订单跟踪进度

当采购企业通过恰当的采购方式确定了目标供应商后，就需要开始着手准备采购订单，同时还要签订采购合同。这里先要明确，采购订单的条款主要依据采购合同制定，换句话说，采购合同条款会约定采购订单的条款内容。注意，实务中是先签订单还是先签合同没有统一的规定，本节先来了解订单的处理流程。

7.1.1 待请购确认后准备订单

请购是指采购企业的生产部门根据生产需要确定一种或几种物料，并按照规定的格式填写一份要求，递交到公司的采购部以获得这些物料订单的整个过程，所填的单据被称为请购单，如表7-1所示为常用的请购单模板。

实用范本　　　　　表 7-1　请购单

申购部门：　　　　　　　　　　　　　　　　　　年　　　月　　　日

序号	名称	规格型号	单位	请购数量	单价	总价	要求到货日期	用途

请购人：　　　　　部门主管确认：　　　　　采购经办人：　　　　财务：

说明：1. 流程。使用部门请购（填写品名、规格、单位、请购数量、要求到货日期、用途等）→部门主管确认→主管副总核准→采购。
　　　2. 采购经办人必须凭核批的请购单及时采购，报账时请购单需附在发票和入库单后。

　　企业采购部门收到生产部门的请购单后，要开始着手准备与供应商签订采购订单和采购合同。当然，实际工作中也有一些企业是在确定了生产部门的请购需求后再寻找合适的供应商供货，具体就要看企业的流程管理。

　　通常来说，采购订单格式需要具备的要素包括头部、正文和尾部，每个部分的内容如表 7-2 所示。

表 7-2　采购订单各要素的内容

订单结构	内　容
头部	主要包括订单名称、订单编号、采供双方的企业名称、签订订单的地点和签订时间等
正文	包括物料名称与规格，物料的数量条款、质量条款、包装条款和价格条款，运输方式，支付方式，交料地点，检验条款，保险条款，违约责任条款，仲裁条款以及不可抗力条款等
尾部	包括订单份数和具体的生效日期、签订人签名和采供双方公司的公章

实用范本 采购订单

合同编号：　　　　　　　　　　　　　　日　　期：

项目名称：　　　　　　　　　　　　　　行业属性：

甲方（购货方）：

乙方（供货方）：

一、合同标的，如表 7-3 所示：

表 7-3　采购明细

序号	材料名称	规格	单位	数量	单价	金额	备注
最终合同优惠价：							

二、质量要求、技术标准、乙方对质量负责的条件和期限：

_____

_____

_____

三、清算方式及期限：_____

四、交货时间及地点：

1. 交货时间：_____

2. 交货地点：_____

五、设计联络、试验、检验：按合同及甲方要求免费实施。乙方为甲方提供全方面的售前、售中、售后服务，以及各种技术咨询等，技术咨询服务电话：_____。

甲方：   乙方：

（盖章）   （盖章）

代表人（签字）：   代表人（签字）：

日期：   日期：

地址：   地址：

电话：   电话：

收货联系人：   收货联系人：

收货人电话：   收货人电话：

该实用范本没有涉及具体的条款内容，更有利于采供双方根据实际明确采购活动的重点内容。

7.1.2　订单签订前后要做好跟踪反馈

对采购企业来说，在订单签订前，要做好的跟踪反馈主要是供应商对于签订订单的积极性。如果发现供应商在与采购企业签订订单的事情上表现不积极，就要及时调查原因，以消除供应商的顾虑，尽快促成订单的签订。

同样重要的还有订单签订后的跟踪反馈，需要跟踪并做出反馈的事项主要有下列一些内容。

①看供应商对于订单是否有发货前的要求。比如货款的支付方式是先付款后发货，还是货到付款；是立即发货还是需要过两天发货等。

②看采购订单的在途情况。如是刚发货，还是已经发货，货物目前所在位置在哪里，是否有延期到货的可能等。

③看货物运输是否异常。如货物的运输速度是否异常缓慢，货物运输途中是否出了问题等。

④看货物运输出现异常或问题时供应商是否积极配合解决。

⑤货物运抵企业后验收情况如何。如货物质量是否符合订单要求，数量是否与订单数量一致等。

如果企业生产需要的物资比较重要，则采购订单的跟踪反馈工作一定不能马虎。为了使相关人员严格执行订单跟踪反馈，可以制定采购订单跟踪工作规范。

实用范本 **采购订单跟踪工作规范**

第一章　总则

第 1 条　目的

为了规范采购订单跟踪工作，提高采购订单跟踪效果，特制定本规范。

第 2 条　审批权限

1. 采购总监及总经理负责审批 _____ 元以上的订单处理工作。

2. 采购经理负责审批 _____ 元以下的订单处理工作。

第二章　采购跟单总体要求

第 3 条　跟踪过程

订单发出后，采购专员需要跟踪整个过程直至收货入库。

第 4 条　跟踪要求

1. 采购专员应完成企业规定的以及自购的订单跟踪任务。

2. 采购专员全面统筹安排所负责的各个订单的跟踪工作，不可遗漏。

第 5 条　处理审批

采购订单的取消、违反合同以及其他未规定处理规范的问题的处理方案应由相关权限审批人审批后方可执行。

第 6 条　行为规范

跟单员必须保持对供应商的尊重，在跟单过程中必须注意自己的言行举止，自觉维护企业的良好形象。

第三章　订单跟踪处理规范

第 7 条　订单分类汇总

1. 采购专员必须整理好所负责的订单，将订单信息填入"订单信息汇总表"（表7-4）中，确保每一订单都可查询。

表7-4　订单信息汇总表

序　号	订 单 号	供 应 商	下单日期	交货日期	备　注

2. 采购专员将负责的采购订单按照订单跟踪类别分类，便于进行供应商分级跟踪管理（参照《供应商分级跟踪管理制度》）。

第 8 条　订单执行情况跟踪

1. 采购专员应跟踪订单处理的整个过程。

2. 采购专员按照企业《订单状态跟踪管理制度》跟踪采购订单。

第 9 条　企业取消采购订单的处理

1. 原则上，采购部不能取消订单。如因企业内部某种原因，确实需要取消已发出的订单，采购专员应依据领导审批权限向领导申请取消订单。

…………

7.1.3　对所购物料进行交货控制

交货控制就是对与交货相关的事宜进行控制，如交货方式、交货允许期限、验收入库管理和损害赔偿等。

①要在采购订单或采购合同中明确交货方式，是一次性全部交货，还是分批次交货，以防后期供应商因个人原因无法交货而拖延交货时间。

②要在采购订单或采购合同中明确交货时间和交货期限。交货时间用来规定具体的交货时点，而交货期限通常用来约束供应商的延迟交货行为，以交货期限为最迟交货时间，比如交货期限为一个月，意思就是供应商最迟要在一个月内交货。

③要进行货物验收入库管理。对采购企业来说，接收到供应商所供货物后，采购活动还没有结束，为了保障采购方利益，需要对从供应商处接收到的货物进行质量检验，符合订单或合同质量要求的才能做入库处理，否则一旦入库后才发现问题，供应商可能不认账，从而会产生纠纷，采购方也很容易遭受损失。

④要事先确定损害赔偿条款。这是对将来可能发生的损失所做的预防性措施，类似于"丑话说在前面"，也是对供应商的一种供货警醒，督促供应商按质、按量、按时供货。事先将损害赔偿条款进行明确，可在损害发生时迅速进入索赔程序，减少纠纷，提高交货效率。

⑤关于发票的收取。采购方从供应商处购货，供应商应按规定向采购方开具增值税发票，一般纳税人开具增值税专用发票，小规模纳税人可以开具增值税专用发票或增值税普通发票。这样，采购企业才能根据增值税发票进行增值税抵扣，否则会增加采购成本。

⑥对于供应商延迟交货的处理。如果供应商延迟交货，采购企业需按照采购订单或采购合同的约定进行处理，不能轻易做出让步，否则可能使

供应商在后续的合作中丧失按时供货的意识，这对采购企业是不利的。

有些企业在进行交货控制时，可能会用到交货控制表，以表格的方式清晰地反映交货控制情况，如表 7-5 所示。

实用范本　　　　　　　　表 7-5　交货控制表

月　　　　日至　　　　月　　　　日

预订交货日期	请购日期	请购单号	物品名称	数量	供应商	商价	验收日期	延迟日数	延迟记录

7.1.4　建立明确的物料验收管理规定

对采购企业来说，所购物料在运抵本公司后，还需要进行严格的验收，确保物料的质量符合合同或订单要求，以免供应商以"一经入库，概不负责"为由拒绝承担责任。而严格的物料验收工作必然需要有科学、严谨的物料验收管理规定支撑和辅助。

实用范本 物料验收管理制度

第 1 章　总则

第 1 条　为加强对采购物料的验收管理，确保采购物料及入库物料的质量，特制定本制度。

第 2 条　本企业对物料的采购验收以及验收后的处理均依本制度相关规定进行。

第 3 条　物料验收规范

1. 为利于物料检验收料的作业，生产中心物控部就物料重要性及特性等，适时召集质量管理部、使用部门及其他有关部门，依所需的材料质量研订"物料验收规范"，呈总经理审批后公布实施，作为物料验收依据。

2. 为保证企业产品与服务的高质量，须高度重视来料质量标准问题。

3. "物料验收规范"呈总经理审批后公布实施，作为采购、验收的依据。

4. 检验合格的物料，检验人员在外包装上贴合格标签，交仓储人员入库定位。

第 2 章　验收过程

第 4 条　待收料

收料人员接到采购人员转来的已审批的采购单时，按供应商、物料类别及交货日期分别依序排列存档，并于收料前安排存放的库位以方便收料作业。

第 5 条　收料

1. 内购收料

（1）物料进厂后，收料人员必须依采购单的内容，核对供应商送来物料的名称、规格、数量和送货单及发票并清查数量无误后，将到货日期及实收数量填于采购单相关栏目内，办理收料。

（2）收料人员如发现所送来的物料与采购单上所审批的内容不符时，应即时通知物控经理及物料采购员。原则上，非采购单上所审批的物料不予接受。如物料采购员或请购部门要收下该物料时，收料人员应报告物控经理，并于单据上注明实际收料状况，并请物料采购员及请购部门经理会签。

2. 外购收料

（1）物料进厂后，收料人员即会同检验人员依装箱单及采购单开柜（箱）核对物料名称、规格并清点数量，并将到货日期及实收数量填写在采购单上。

（2）开柜（箱）后，如发现所载的物料与装箱单或采购单所记载的内容不符时，应立即通知物料采购员进行处理。

（3）如发现所装载的物料有倾覆、破损、变质、受潮等异常时，经初步估算损失将超过2 000元（含）以上者，收料人员立即通知物料采购员联络、通知供应商前来处理，并尽可能维持原来状态，以利于后期的作业；如未超过2 000元者，则依实际的数量办理收料，并于采购单上注明损失数量及情况，交对方送货人员签字确认。

（4）受损物品经供应商确认后，物料采购员开立"索赔处理单"呈物控经理审核，然后送财务部审核，审核通过后办理索赔手续。

第6条 物料待验

1.进厂待验的物料，必须于外包装上贴物料标签并详细注明料号、品名规格、数量及入厂日期，且与已检验者分开储存，并规划"待验区"以示区分。

2.收料后，收料人员应将每日所收料品汇总填入"进货日报表"，作为入账清单的依据。

第7条 急用品收料

紧急物料到厂交货时，若收料人员尚未收到采购单，应事先洽询物料采购人员，确认无误后，才能依收料作业办理。

第3章 验收结果处理

…………

从该范本展示的制度内容来看，物料验收管理制度通常要包括目的、物料验收规范、物料验收过程以及物料验收结果处理等规定。

7.2 做好合同管理避免经济纠纷

这里的采购合同是指采购企业与供应商，双方经过协商一致同意而签订的具有"供需关系"的法律性文件。签订合同的双方都应遵循和履行合同约定的内容，并做好合司管理，避免产生经济纠纷。

7.2.1 明确采购合同的主要内容

采购合同是契约型文件，其主要内容包括但不限于采供双方的全名、法人代表、联系电话和传真等，采购货品的名称、型号、规格、数量和价格，交付方式、交货地点、质量要求、验收方法、不合格品的处理以及违约责任等。也就是说，不仅要明确采购合同的标的物情况，还要明确采供双方的责任、义务和权利。

实用范本 采购合同

甲方（买方）：

乙方（卖方）：

甲方和乙方经过平等协商，在真实、充分地表达各自意愿的基础上，根据《中华人民共和国合同法》的规定，达成如下协议：

一、货物信息

如表7-6所示为采购货物明细表。

表7-6 采购货物明细表

序号	货物名称及描述	规格	单位	数量	单价（元）	金额（元）

1. 货物的质量标准，按照 _____（国家标准、行业标准、企业标准）执行。

2. 货物包装物的供应：包装物随货出售，由乙方负责货物包装物供应。乙方应提供货物运至合同规定的交货地点所需要的包装，以防止货物在转运中损坏或变质。这类包装应采取防潮、防晒、防锈、防腐蚀、防震动及防止其他损坏的必要保护措施，从而保护货物能够经受多次搬运、装卸及长途运输。

二、交货规定

1. 交货方法：由乙方送货（国家主管部门规定有送货办法的，按规定的办法执行；没有规定送货办法的，按双方协议执行）。

2. 运输方式：由乙方自行选择运输方式，运输及保险费用由_____负担。货物交付给甲方之前，货物相关全部风险由乙方承担。

3. 交货地点：_____

4. 交货日期：乙方应在合同签订后____天内完成交货，并附上双方约定的、记录货物相关事项的资料。

5. 当乙方不能按时交付全部或部分的货物，或者存在这种可能性时，乙方应及时将原因及预定交货日期通知给甲方，并按照甲方的指示，迅速制定必要的对策。

三、验收方法

1. 所有货物由乙方送到交货地点且甲方确认收货后____天内，由甲乙双方共同对货物的包装、外观、数量、商标、型号、规格及性能等进行验收，签署检验报告。如乙方未按约定到甲方指定地点参加检验的，应视为乙方对甲方单方检验的结果予以确认。验收标准执行合同规定的货物质量标准。

如发现乙方所交的货物有任何不符合合同规定之处，应做好记录，并由双方代表签字，作为甲方向乙方提出维修或退换货的依据。

检验报告仅证明乙方所提供的货物截至出具检验报告之日时可以按合同要求予以接受，但不能视为乙方对货物存在的潜在缺陷所应负的责任的解除。此检验不作为对货物内在质量认定的依据。

2. 乙方所提供的货物应充分满足甲方使用的要求，确保供货货物的尺寸、规格、质量符合合同规定，甲方发出的询价函与乙方发出的报价书中规定的内容与合同具有同等的约束力。本合同内的货物质量保证期为____月，自验收通过之日起计算。质量保证期间如货物出现质量问题，甲方有权要求乙方维修或退换货，乙方应在接到甲方通知后____天内免费派人维修、退换符合质量要求的货物。

四、合同价格与支付方式

…………

注意，非常正规的采购合同应具有封面，封面记载的内容通常是合同编号、合同名称、签订合同双方的全称以及签订时间与签订地点。

7.2.2 合同有效性条件和签订注意事项

根据我国有关法律的规定，合同有效的基本条件主要有如下4个方面。

①签订合同的当事人具有相应的民事行为能力。

②意思表示真实。

③不违反法律和社会公共利益。

④合同必须具备法律要求的形式。

也就是说，采供双方签订采购合同时，要保证采供双方都是具有相应民事行为能力的人，并且双方在签订合同时的意思表示是真实的，采供双方签订合同的行为不违反法律和社会公共利益，采购合同必须具备法律要求的形式，这样采购合同才是有效的。

那么，保证了采购合同的有效性，双方在签订合同时又需要注意什么问题呢？

（1）要审查对方的基本情况

作为采购方，企业需要审查供应商的营业执照，了解其经营范围、财务状况和信用水平等情况，判断供应商的经营行为是否合法。如果此次合作还有担保人，则还需调查担保人的真实身份，避免其与供应商有串通行为。如果供应商方出面签约的是某位具体的业务人员，企业还需要审查供应方提交的法人证明和正式书面授权委托证明，确保采购合同的签订是合法、有效的。当然作为供应商，也有权利对采购企业进行前述这些情况的审查。

（2）要严格仔细地审核合同的主要条款

在签订采购合同的过程中，一旦采供双方就合同的主要条款达成了一致，基本上就会进入正式的合同签约阶段。因此，为了避免签约后又对相关条款的约定不满意，采供双方就必须在正式签订合同之前认真、仔细地审核主要条款。其中非常重要的条款包括但不限于以下 3 点。

◆ 采购标的的质量及数量标准

采购标的的质量和数量直接关系着采购方的利益，如果质量没有达到标准，数量没有达到要求，就会加大采购企业的实际采购成本与采购预算之间的偏差，使得采购企业的采购成本变相增加。

◆ 交货地点

确定交货地点是保证采购方能及时签收物资，同时也向供应商明确销售货物的目的地。双方根据交货地点有效控制货物运输情况，避免货物在运送途中发生意外导致丢失。

◆ 交货、收货等重要时间

任何产品都有保质期，甚至有些产品保质期还很短。为了保证产品不过期，或者不过时，供应商的交货时间一定要确定清楚，同时预计可以收到货的时间也很重要，避免在运输途中耽搁太久而影响产品质量。

（3）双方应承担的义务和违约责任

签订采购合同时，采供双方一定要明确各自应承担的义务，尤其还要重视违约责任相关条款，包括哪些行为属于违约，违约事项发生后的解决方法和法律责任。以此来保护己方的利益，同时约束对方的行为。

7.2.3 督导合同的履行并修改完善

采购合同签订以后，采供双方就要开始实施采供活动了。为了保证采购任务顺利完成，采购企业需要督导合同的履行情况，针对采购合同中需要修改的地方，及时制订补充协议。

合同的督导，顾名思义就是合同的监督和指导。合同的履行主要就是合同规定义务的执行。从采购方来说，作为付款方，合同的履行就是在收到所购货物后按时、足额完成货款的支付；从供应方来说，作为售货方，合同的履行就是要保质、保量且按时地完成货物交付。所以，合同履行的督导实际上就是监督指导采供双方负起各自的责任、承担起各自的义务，同时享有各自的权利。

督导合同的履行，首先就要明确履行主体、履行标的、履行期限、履行地点、履行方式和履行费用，相关说明如表 7-7 所示。

表 7-7 合同履行的相关内容

项　　目	说　　明
履行主体	采购合同的履行主体包括供应商和采购方，合同要想能够全面适当地履行，主要取决于供应商履行供货的行为和采购方履行受领所购物资的行为。当然有时合同的履行还会由第三人代替，只要不违反法律的规定，采供双方自行约定即可
履行标的	采购合同的履行标的就是约定用于交易的事物，可能是货物，也可能是服务。采供双方必须按照合同的约定认真履行标的数量和质量
履行期限	履行期限是对采供双方履行合同义务的时间进行约束和规范，采供双方必须在合同履行期限内履行自己的义务。如果不在履行期限内履行，则可能构成延迟履行而需承担相应的违约责任，比如供应商没有在约定的交货期内交货，或者采购方没有在约定的时间内付款，都要负相应的违约责任。与之相对的还有提前履行，即采供双方在履行期限届满前就履行了各自的义务
履行地点	在采购活动中，履行地点通常为供应商履行交货、采购方领受货物的地点，如采购方的企业本部，或者由采购方指定的一处仓库等
履行方式	采购合同的履行方式就是采供双方约定以哪种形式来履行义务，其中包括运输方式、交货方式和付款方式等。实务中，这些方式的具体运用就会构成一个采购合同整体的履行方式
履行费用	采购合同的履行费用是指采供双方在履行合同时所支出的费用，如果能在签订合同时明确，就相应地写入采购合同条款中；如果签订合同时还无法确定会发生哪些履行费用，可以在实际采购活动中进行补充

当然，如果在采供双方履行合同的过程中，存在一些必须要进行更正或修改的内容，就需要做好采购合同的修改完善，一般以补充协议的形式进行。

7.2.4 牢记合同撤销和终止的情形

根据《中华人民共和国民法典》（以下简称《民法典》）的规定，发生如下情形之一的，有权请求人民法院或仲裁机构予以撤销。

①基于重大误解实施的民事法律行为，行为人有权请求人民法院或者仲裁机构予以撤销。

②一方以欺诈手段，使对方在违背真实意思的情况下实施的民事法律行为，受欺诈方有权请求人民法院或者仲裁机构予以撤销。

③第三人实施欺诈行为，使一方在违背真实意思的情况下实施的民事法律行为，对方知道或者应当知道该欺诈行为的，受欺诈方有权请求人民法院或者仲裁机构予以撤销。

④一方或者第三人以胁迫手段，使对方在违背真实意思的情况下实施的民事法律行为，受胁迫方有权请求人民法院或者仲裁机构予以撤销。

⑤一方利用对方处于危困状态、缺乏判断能力等情形，致使民事法律行为成立时显失公平的,受损害方有权请求人民法院或者仲裁机构予以撤销。

从这些法律条款可以看出，无论是采购合同还是其他形式的合同，在出现以下情形时可进行撤销。

①签订合同的行为人基于重大误解订立的合同。

②签订合同的一方或第三方以欺诈、胁迫手段，使对方在违背真实意思的情况下订立的合同。

③签订合同的一方利用对方处于危困状态、缺乏判断能力等情形，致使合同成立时显失公平的。

合同终止是指因发生法律规定或当事人约定的情况，使合同当事人之间的权利义务关系消灭，使合同的法律效力终止。根据我国《民法典》的规定，有下列情形之一的，当事人可以解除合同。

①因不可抗力致使不能实现合同目的。

②在履行期限届满前，当事人一方明确表示或者以自己的行为表明不履行主要债务。

③当事人一方延迟履行主要债务，经催告后在合理期限内仍未履行。

④当事人一方延迟履行债务或者有其他违约行为致使不能实现合同目的。

⑤法律规定的其他情形。

需要注意的是，合同解除只是合同终止的一种形式，合同解除必然导致合同终止，但合同终止不全是因为合同解除。除了合同解除外，还有下列情形导致合同权利义务终止。

①债务已经按照约定履行完成。

②债务相互抵销。

③债务人依法将标的物提存。

④债权债务同归于一人等。

合同终止后，当事人应遵循诚实信用原则，根据交易习惯履行通知、协助和保密等义务。

7.3 进行交期管理提高采购效率

交期管理即交货期管理，指企业将产品交付给客户的科学系统的管理过程和办法，属于供应方的主要管理活动。但作为采购方，为了能切实保护自身利益，也需要协助供应方做好交期管理。

7.3.1 适当地进行交期控制

采购企业要主动地提高供应商的交货效率，以此来减少断货的风险。除了需要实时监控供应商交货情况，还应对交期进行适当的控制。对于交期，可以用一个简单的计算公式表示。

交期 = 行政作业时间 − 原料采购时间 + 生产制造时间 + 运送与物流时间 + 验收和检查时间 + 其他预留时间

行政作业时间。这部分时间主要是采购方与供应商为了开展采购活动所必须进行的文书编制与准备工作所花费的时间。

原料采购时间。供应商为了完成采购方的订单而需要向其他企业采购必要的原材料所需花费的时间。

生产制造时间。供应商生产制造出采购合同约定的货物所需的时间。

运送与物流时间。订单完成后，供应商将货物从生产地运到采购方指定交货地点所需花费的时间。

验收和检查时间。所采购货物运抵采购方指定交货地点后，进行货物检查和验收所需的时间，包括卸货、检查、拆箱检验、签署验收文件以及将货物搬运到合适地点等所耗用的时间。

其他预留时间。一些不可预见的外部或内部因素造成的延误和供应商本身预留的时间。

采购企业可以从以上交期组成部分入手，进行适当的交期控制。比如提高交易双方的行政作业效率，减少行政作业时间；提高验收和检查货物的速度，减少验收和检查时间；在签订合同时，尽可能在保证产品质量的同时与供应商约定较短的交期等。有些企业为了规范交期控制管理，会制定相应的制度。

实用范本 采购交期控制制度

第1章 总则

第1条 目的

为了达到如下目的，特制定本制度。

1. 在必要的时间内准时获得生产经营活动必需的原材料，维持正常的生产活动。

2. 减少因采购交期延误造成的公司损失。

第2条 适用范围

在采购过程中对采购交期确定、交期控制、采购跟催的相关事项，均依照本制度进行处理。

第2章 合理确定交货期限

第3条 合理确定采购物流方式

采购人员需在签订合同之前，合理确定交货方式、运输方式、运输路线等，并提供承运商建议，确保不因物流因素导致交期延误。

第4条 合理规划进货时间

采购人员在与供应商进行洽谈时，应事先估计供应商准备、运输、检验等各项作业所需的时间，以便在合适的时间进货，既能够确保准时供应请购部门，又能确保库存成本最小化。

第5条 明确交期违约责任

采购人员在进行采购洽谈时，应在明确交货期限的基础上，与供应商达成对交期违约责任的共识，并以合同条款的方式在采购合同中体现。

第3章 采购进度控制

第6条 及时掌握备货进度

1. 采购部人员在同供应商确定交货期限后，应及时要求供应商提供生产计划或者生产日程表，采购人员根据其提供的计划和日程表掌握并督促进度。

2. 采购人员应及时与供应商进行沟通，了解其备货进展，防止出现交期延误或者提前交货。

3.采购人员发现供应商供货进度可能会影响正常的交货期限时，应及时采取措施，消除进度滞后。

第 7 条 期中跟催

…………

7.3.2　交期延误的处理

身处实务交易中，采购企业难免会遇到交期延误的情况。而交期延误的发生有可能是供应商的原因，也有可能是采购方自己的原因。在进行交期延误处理时，要分清责任方，然后有针对性地采取合理的方法处理。

实务中发生交期延误的常见原因有如下一些方面。

①供应商的紧急订单多，交期过短导致生产准备来不及，计划不足交付生产，进一步使得供应商的制造过程管理混乱。

②产品设计变更频繁，或者在生产过程中变更设计。

③采购方频繁更改产品要求。

④供应商的用料计划不良，进料不及时。

⑤生产过程中不良品较多，影响交货产量。

⑥设备故障、人员不足。

⑦生产排班不合理，甚至出现产品生产工作漏排。

⑧产能不足，找不到外包，工作调配出现严重失误等。

针对交期延误的不同原因，采购方需要做出不同的处理意见。下面是几个概括性的处理办法。

①因供应商原因导致的交期延误，采购人员应及时进行催货，要求供

应商根据合同条款承担违约责任。

②因采购部原因造成的交期延误，应加强采购人员交期意识，提高采购人员业务素质，并对相关责任人进行批评。对公司造成严重损失的，应记失职一次，并处一定数额的罚款。

③因采供双方沟通不畅造成的交期延误，采购部首先应加强内部控制，改进采购工作业务水平，加强与供应商沟道，建立完善、畅通的沟通机制。

④因偶发不可抗力因素造成的交期延误，应与供应商协商进行处理。自然灾害造成的损失应寻求保险公司进行赔偿；其他偶发因素造成的损失，应和供应商协商解决，力求将双方损失减小到最低。

一般来说，采购企业在自行制定的交期控制制度或交期管理制度中，也会对交期延误的处理进行明示。

7.3.3 建立完善的交期管理制度

交期管理制度相对于交期控制制度，在为容上通常更全面，条款更细致。交期管理制度不仅包括交期控制，还会对负责交期控制的各方责任进行详细的明确，是统领整个交期管理工作的指导性文件。各企业需根据自身经营情况和采购管理要求，制定适合的交期管理制度。

实用范本 交期管理制度

1. 总则

1.1 制定目的

为确保采购交期管理更为顺畅，特制定本制度。

1.2 适用范围

本公司采购之物料的交期管理，除另有规定外，需依本制度执行。

1.3 权责单位

（1）采购部负责本规章制定、修改、废止之起草工作。

（2）供应链副总经理负责本规章制定、修改、废止之核准。

2. 预防欠料及欠料跟进管理规定

2.1 预防欠料及欠料跟进管理的重要性

预防欠料及欠料跟进管理是采购的重点工作之一，同时也是为了确保交期的目的，是在必要的时间，提供生产所必需的物料，以保障生产并达成合理生产成本之目标。

欠料造成的不良影响有以下方面：

（1）导致制造部门断料，从而影响效率。

（2）由于物料交期延迟，间接导致成品交期延迟。

（3）由于效率受影响，需要增加工作时间，导致制造费用的增加。

（4）由于物料交期延误，采取替代品导致成本增加或品质降低。

（5）交期延误，导致客户减少或取消订单，从而导致采购物料囤积和其他损失。

（6）交期延误，导致采购、运输、检验成本增加。

（7）断料频繁，易导致互相配合的各部门人员士气受挫。

2.2 欠料的原因

2.2.1 供应商责任

因供应商责任导致交期延误的状况：

（1）接单量超过供应商的产能。

（2）供应商技术、工艺能力不足。

（3）供应商对时间估计错误。

（4）供应商生产管理不当。

（5）供应商生产材料出现货源危机。

（6）供应商品质管理不当。

（7）供应商经营者的顾客服务理念不佳。

（8）供应商欠缺交期管理能力。

（9）不可抗力原因。

（10）其他因供应商责任所致情形。

2.2.2　采购部责任

因采购部责任导致交期延误的状况：

（1）供应商选定错误。

（2）业务手续不完整或耽误。

（3）价格决定不合理或勉强。

（4）进度掌握与督促不力。

（5）经验不足。

（6）下单量超过供应商产能。

（7）更换供应商所致。

（8）付款条件过于严苛或未能及时付款。

（9）缺乏交期管理意识。

（10）其他因采购部原因所致的情形。

2.2.3　其他部门责任

因采购以外部门导致交期延误的状况：

（1）请购前置时间不足。

（2）技术资料不齐备。

（3）紧急订货。

（4）生产计划变更。

（5）设计变更或标准调整。

（6）订货数量太少。

（7）供应商品质辅导不足。

…………

工作梳理与指导

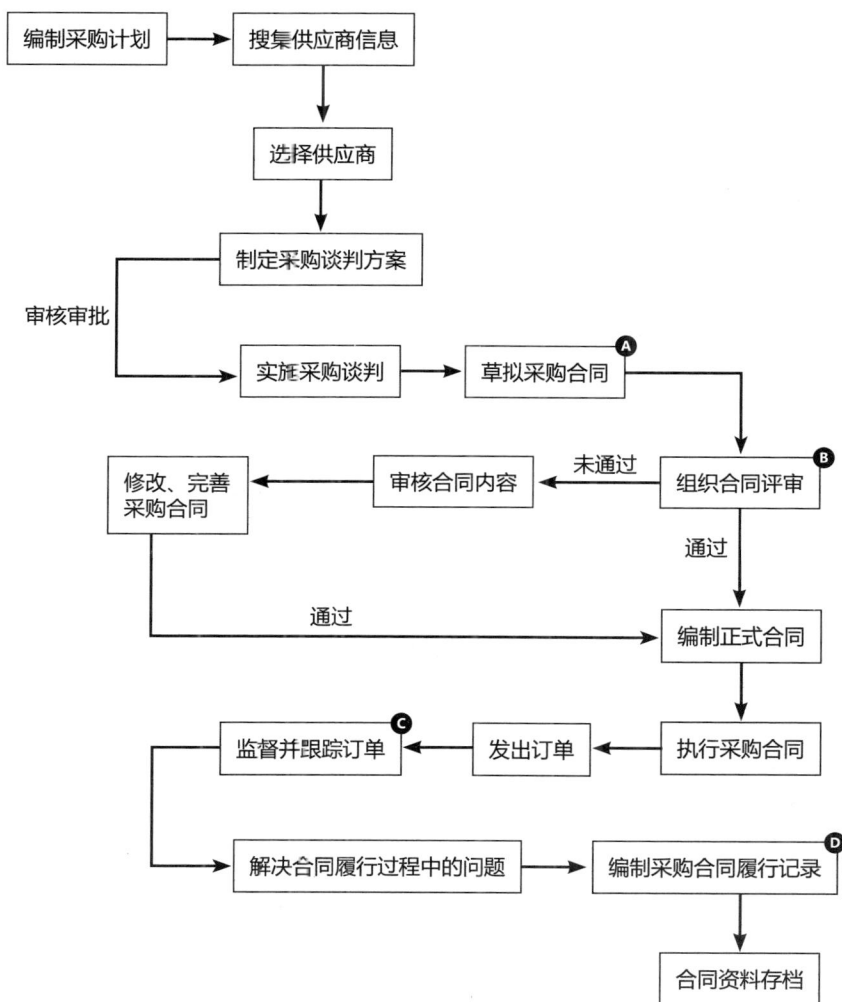

```
┌──────────┐      ┌──────────────┐
│ 编制采购计划 │─────▶│ 搜集供应商信息 │
└──────────┘      └──────────────┘
                         │
                         ▼
                  ┌──────────┐
                  │ 选择供应商 │
                  └──────────┘
                         │
                         ▼
                ┌──────────────┐
                │ 制定采购谈判方案 │
                └──────────────┘
审核审批          ┌──────────────┐    ┌──────────┐(A)
       └─────────▶│ 实施采购谈判 │───▶│ 草拟采购合同 │
                  └──────────────┘    └──────────┘
```

┌──────────┐   ┌──────────────┐ 未通过 ┌──────────────┐(B)
│ 修改、完善 │◀───────│ 审核合同内容 │◀───────│ 组织合同评审 │
│ 采购合同   │   └──────────────┘   └──────────────┘
└──────────┘   │ 通过
                                                  ▼
         通过   ┌──────────────┐
         └───────────▶│ 编制正式合同 │
                       └──────────────┘
                              │
                              ▼
┌──────────────┐(C) ┌──────────┐ ┌──────────────┐
│ 监督并跟踪订单 │◀───│ 发出订单 │◀─│ 执行采购合同 │
└──────────────┘   └──────────┘ └──────────────┘

┌────────────────────┐   ┌──────────────────┐(D)
│ 解决合同履行过程中的问题 │───▶│ 编制采购合同履行记录 │
└────────────────────┘   └──────────────────┘
                                    │
                                    ▼
                            ┌──────────────┐
                            │ 合同资料存档 │
                            └──────────────┘

流程梳理

🅐 采购活动中，交易的发生很多时候不能一蹴而就，需要经过一段时间的协调、交涉，如果一开始就签订正式的采购合同，一旦在协调或交涉的过程中发生合同内容的调整，就会涉及合同的变更，牵扯出一系列事务，降低采购工作效率，因此很有必要在签订正式采购合同前草拟采购合同。通过草拟的采购合同大致明确采购活动的重要事项，然后在协调、交涉的过程中，根据实际情况不断调整合同内容，直至双方就合同内容基本达成一致，再签订正式的采购合同，这样不仅能省去变更正式合同的麻烦事，也能使合同管理流程更完善。

🅑 这里的合同评审指企业在草拟了采购合同后，为了确保供应商保质保量完成订单，对其生产能力和物料进行确认，解决合同中存在的不确定因素，避免发生产品质量和交货时间不合理的情况发生。

🅒 作为采购方，采购物资大多都用于生产活动，如果不对订单进行必要的监督和跟踪，就可能使供应商懈怠供货，从而影响己方的生产效率。尤其对于一些紧急订单，更需要时刻监督和跟踪订单的进展。

🅓 采购合同的履行记录是对某次采购活动整个流程的描述与概括，它可以帮助阅览者切实了解某次采购活动的实施过程，尤其对于企业管理者，可以帮助他们从中了解采购管理工作中存在的优点和不足，从而适时改变采购订单的处理流程，提高采购订单管理的工作效率，快速完成采购订单。

问：采购订单杂、乱、多，一份订单包含了多份送货单，且一份送货单又包含了多个品种，导致验收人员工作量增加，该怎么办？

答：在确认请购后，采购人员对请购明细进行统一的合并整理，分门别类地制作采购订单，归类采购。

问：来货时无法及时找到相应的采购订单或采购合同，导致延迟验收怎么处理？

答：做好采购订单和采购合同的管理，登记订单和合同明细，注明预计到货时间，当某批货物送达后，根据当天时间在订单和合同明细中查找预计到货时间为当天或者当天前后一两天的订单，这样就可以提高寻找采购订单和采购合同的效率，避免出现延迟验收。但如果延迟验收已经发生，则要做好延迟验收批次的登记工作，以便事后准确查找订单或合同。

答疑解惑

问：当所购货物送达时没有送货单，采购企业应该接收吗？

答：为了防止日后出现经济纠纷，企业应该在有具体的送货单时进行货物验收入库；没有送货单的，拒绝收货。

问：为了完成客户的订单而下单采购的物料，已经通知供应商生产，但又接到客户通知说取消订单，此时该怎么办？

答：确定客户违约并要求赔偿的，就与客户协商，但这一操作要放在后面进行。当前最紧急的是供应商生产的物料该怎么处理？首先，确定供应商对企业所下订单的完成情况，同时请求供应商停止订单的生产。然后根据供应商的反馈来制定解决办法，如果供应商还没有对订单进行正式生产，则可与供应商协商取消此订单；如果供应商已经开始生产，则要求供应商提供准确的生产完成数量，再与本企业生产部确定该物料是否可以用在今后的生产任务中，若能，就可与供应商协商延迟交货期，若不能，就需支付供应商已经生产的物料的价款，同时向企业的客户索取违约赔偿，尽可能地降低损失。

问：所采购物料已经到货并验收入库，却收到客户取消订单的请求，而另一边供应商又不同意退货，这时该怎么处理？

答：这种情况在实务中很少发生，因为此种情况下客户会向企业支付违约赔偿。但如果确实发生了，就需要想办法处理该物料，一是自家企业消耗；二是如果自家企业确实用不上，就可以考虑将其卖出，为了提高卖出去的概率，可按买入价卖出，也可略低于买入价卖出，以此来降低损失，同时要求客户支付违约赔偿。

实用模板

采购订单跟催表	采购追踪记录表	交期控制表
采购订单进程表	催货通知单	异常订单反馈表
采购订单异常表		

第8章

做好采购质量管理保证生产所需

对采购企业而言，采购质量管理是重中之重，它是对采购质量的计划、组织、协调和控制，通过对供应商质量评估和认证，从而建立采购管理质量保证体系，保证企业的物资供应活动。除此以外，企业还需从自身出发做好采购质量管理，严肃处理质量不达标问题。

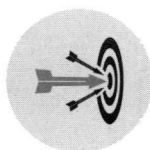

8.1 企业采购部门的质量管理工作

企业要保证采购物资的质量，首先要从自身入手，提高质量管理水平，从而更好地协助供应商进行质量管理并防控质量问题。

8.1.1 进行采购人员素质培养

采购人员的素质培养要从两方面入手，一是专业能力，二是职业素养。

（1）提高采购人员专业能力

一位合格的采购人员，必须对本企业的产品有清楚的认识和了解，这样才能保证对供应商进行初步的选择和管理。除此以外，就是要提升专业能力。

数据分析与统计能力。采购人员接收到本公司其他职能部门提交的请购申请后，需经过分析与统计，得出最终的采购需求。所以，采购人员的数据分析和统计能力会直接影响采购需求的准确性，从而影响采购质量。

谈判及应变能力。企业的采购活动实际上可看成是企业与供应商之间在价格上的博弈，采购人员具备了一定的谈判能力和应变能力，可有效帮助企业购入物美价廉的货物，同时适应不同的采购环境。

协作与表达能力。采购活动会涉及采购企业的采购部和其他请购部门，同时还会涉及供应商甚至其他外部单位，要做好各方面的沟通，提高采购质量水平，就必然要求采购人员具备协作与表达能力，使信息及时传递。

成本分析和价值分析能力。采购人员具备成本分析和价值分析能力，能更好地为企业精打细算，在追求低价采购的基础上，还能保证所采购物资的质量，或者是服务的品质。

预测能力。采购活动的实施必须以采购计划和采购预算为基础，而采购计划与采购预算的编制，都需要采购人员对市场行情，如产品价格、供给关系等做出准确的预测和判断。具备预测能力，就能指导采购人员在实际采购活动中找到质量标杆和价格标杆。

（2）提高采购人员职业素养

提高采购人员的职业素养主要有以下一些内容。

①干净整洁的形象：采购人员在采购活动中需要与本部门以外的人打交道，尤其是与合作伙伴（即供应商）进行紧密的交流，干净整洁的形象可侧面影响供应商对企业的判断，使其更重视提供产品的质量水平。

②诚实且大公无私：不会为了贪图便宜而私自与供应商串通，损害公司利益。

③有较强的责任心：不会为了达成采购任务而一味地降低对采购质量的要求，而是为企业购入价格合适、质量达标的物资。

④自信且乐观：在采购活动中不断地受挫也能保持自信和乐观的心态，不会因为长时间找不到合适的供应商就暗自降低对所购物资的质量要求。

企业需根据自身对采购管理的要求，对采购人员的素质培养做出具体的培养策略。

8.1.2 制订质量检验计划

质量检验计划是以书面形式对检验工作涉及的总体和具体的检验活动、程序、资源等做出的规范化安排，以便于指导检验活动，使其有条不紊地进行。

质量检验计划主要是产品生产者对整个质量检验和试验工作进行的系统筹划和总体安排的结果，确定检验工作何时、何地、何人做以及如何做。但采购企业为了保障自己所采购物资的质量，也可以自行制订相应的质量检验计划。对采购企业来说，质量检验计划的基本内容主要有下列一些方面。

①编制检验流程图，确定适合采购作业特点的检验程序。

②合理设置检验站、点。

③编制产品及组成部分的质量特性分析表，同时编制产品不合格严重性分级表。

④对关键的和重要的产品组成部分编制检验规程，如检验指导书、细则或检验卡片。

⑤编制检验手册。

⑥选择适宜的检验方式、方法。

⑦编制测量工具、仪器设备明细表，提出补充仪器设备及测量工具的计划。

⑧确定检验人员的组织形式、培训计划和资格认定方式，明确检验人员的岗位工作任务和职责等。

实用范本 来料质量检验管理制度

1. 目的

确保公司接收到的物料经过规定的检验或验证，符合规定要求从而提升本公司产品品质。

2. 范围

适用于本公司所有用于生产的原材料及委外加工半成品检验。

3. 权责

3.1 品质部负责规格书、图纸、承认书和样板的确认。

3.2 仓库负责将来料置于来料待检区，并根据物料标识检验状态，将物料放置不同的区域（如待检区，不合格区），以免误用。

3.3 采购部负责来料不良时对供应商的反馈和跟进处理。

3.4 品质部负责来料检验标准、抽样标准、检验方式的制订；各项来料品质的检验实施及检验不合格品提出、检验状态的标识和品质不良情况的反馈和事后管理。

3.5 生产部负责制程中物料不良情况的反馈。

3.6 品质部负责受控文件的分发。

4. 定义

IQC（Incoming Quality Control）：来料品质检验和控制管理。

5. 作业内容

5.1 流程图。

5.2 规格书、图纸、承认书和样板的承认签发。

5.2.1 品质部将相应承认的规格书、图纸、承认书和样板，通过文管受控后发给 IQC。

5.2.2 对签发的规格书、图纸、承认书和样板，IQC 进行登记和保管，并按《文件与资料管理程序》执行。

5.3 来料送检：

5.3.1 仓库收货时对来料数量进行验收，按照"采购订单"核实物料编号、名称、规格、数量、交货期、采购订单号及供应商名称，并将供应商"送货单"交 IQC 检验。

5.3.2 急用的物料，仓库在"送货单"上注明"急料"标示，以便IQC 做优先检验。

5.4 来料检验实施：

…………

8.1.3 做好物料采购供应的协调工作

对采购企业来说，物料采购供应的协调工作不仅包括企业与供应商之间的协调工作，还包括企业内部之间的一些协调工作，具体内容如下：

◆ 采购企业与供应商之间的协调

企业采购部门与供应商依据采购合同，充分做好协作配合。采购部门在本企业的采购管理办法或制度的指导下，认真做好材料需求计划和市场调查，在确保所购物资质量和供应的前提下选择供应商。后期则要与供应商之间保持良好的沟通，针对采购的整个过程可能出现的问题及时通知、反馈，以便及时采取措施解决。

◆ 采购部与物资需求部门的协调

为了确保物资供应的稳定性，采购部和物资需求部门要经常交换信息，物资需求部门应尽早将生产计划和物料需求计划通知采购部，使采购部有足够的时间寻找货源和供应商，为采购人员议价或谈判留足准备空间。

◆ 采购部与生产部门的协调

采购部所购物资大多数是为生产部门提供的，因此要尤其重视与生产部门之间的协调，一旦工作协调不当，就很可能造成物资积压，或者原材料供应中断，这些都对生产有非常大的不利影响，进一步就会影响企业的销售业绩。通常生产部门都希望物资能快速供应，以免发生断料停工，而采购部则希望有充足的时间进行议价或谈判，从而降低采购成本。两者的目标是相矛盾的，所以需要在物资的购运时间上进行合理的协调，彼此尊重、彼此谅解。

◆ 采购部与仓储部的协调

采购部与仓储部的协调主要体现在最佳存货量。换句话说，仓储部为了降低存货的储存成本，会控制仓储数量，既不能过多，也不能过少。而为了保证仓储数量在合理的水平，就需要与采购部进行协调，掌握采购的频率。理论上来说，只要采购部与仓储部之间协调得当，则采购部与生产部之间的协调工作也会非常顺利。

8.2 从供应商入手进行质量管理

采购企业不仅要提高自身的质量管理水平，还要提高监控供应商产品或服务质量的水平。这就需要建立相应的质量认证体系或者签订质量保证协议，以此来约束供应商，防止其为了追求速度而忽略质量。

8.2.1 建立采购质量认证体系并严格把关

这里的采购质量认证体系主要是指采购企业建立的对供应商提供的物资进行质量检测的一种体系。一般来说，供应商生产的产品在出厂之前都要经过质量认证体系试验或检查，符合标准或技术规范后才会使用合格标志并出厂。而采购企业可自建一种采购质量认证体系，再次对产品质量把关。

企业自建的采购质量认证体系可简单一些，根据自身对产品质量的要求进行设计即可。采购质量认证的基本要素主要包括如表 8-1 所示的几点。

表 8-1 采购质量认证的基本要素

要　素	说　明
型式试验	主要证明采购物资的质量符合产品质量标准的全部要求，是整个质量认证体系的基础，主要是对产品进行抽样检验
质量体系检查	主要对物资生产企业的质量保证能力进行检查和评定，目的是要证实供应商具备持续、稳定的生产符合标准要求的产品的能力
监督检验	主要对获准认证后的产品进行监督，一般也采取抽样检验
定期复查	对取得认证资格的生产企业的质量保证能力进行定期复查，保证认证产品的质量能持续符合标准。具体实施复查时内容可比首次质量体系检查简单一些，重点查看抽次检查中发现不符合标准的是否已经有效改正

实务中，采购质量认证体系主要以制度的形式体现。

实用范本 采购质量验证管理制度

1. 目的

使采购工作在受控状态下有计划地进行，确保采购物资符合规定要求，实现产品质量的稳定，特制定本制度。

2. 采购依据

生产车间根据供销科制订的月、季销售计划及原辅材料搭配比例，编制原辅材料采购计划交供销科。

3. 职责

供销部负责本公司原辅材料的采购。

质管科负责采购文件中标准等技术要求的确定，并与使用科室一同对采购的原辅材料进行认定。

4. 程序概要

原辅材料供货商的评价：

（1）供销部提出待选供货商，并对待选供货商满足供货合同要求的能力进行调查。

（2）对大宗主要原辅材料、包装材料的供货商，由总经理组织有关科室及专业人员对其满足供货合同的能力进行评价。

（3）根据供货商提供的产品对本厂产品质量影响程度，由供销部确定本厂对供货商的控制方式和控制程度。

（4）供销部建立并保存合格供货商的营业执照及相应批次的检验证明。

5. 采购资料和采购文件

（1）生产车间根据经营科制订的月、季销售计划及原辅材料搭配比例，编制原辅材料采购计划交供销部。

……………

8.2.2　与供应商签订质量保证协议

如果还要更确切地保证供应商提供产品的质量，采购企业还可以与供应商签订质量保证协议，促使供应商对其提供的产品做出明确的质量保证，并形成正式文件。

实用范本 质量保证协议

  甲方：××有限公司

  地址：××省××市

  乙方：××有限公司

  地址：××市××区××大厦××室

  为保证乙方向甲方提供的产品质量，确保双方长期、稳定的合作关系，甲、乙双方经协商一致，就产品质量标准、技术要求等相关事宜达成如下协议，共同遵照履行。

  一、本协议中的"产品"包括甲方向乙方购买的所有IC产品。

  二、产品质量标准和技术要求：

  1. 乙方向甲方提供的所有产品，其质量与生产过程符合规定，并满足甲方如下质量标准和技术要求：

  （1）乙方图纸尺寸、技术规格。

  （2）封样样品。

  （3）其他。

  …………

  三、甲方的权利义务：

  任何情况下甲方对质量标准和技术要求享有最终决定权。

  四、乙方的权利义务：

  1. 乙方有义务提供符合甲方质量标准和技术要求的产品，并向甲方提交有关产品合格性、有效性的证明文件（包括但不限于合格证，有效期、生产日期、检测日期的证明），以证明产品符合甲方的要求。

  2. 乙方有义务向甲方提供所供产品必须是××××原装生产的产品。

  3. 乙方有义务向甲方提供产品重金属含量的成分（SGS）检测报告，并保证产品重金属含量符合欧洲ROHS指标。

4.乙方有义务接受甲方质量部门不定期的审核，审核的内容包括乙方的质量管理体系、加工生产环境、行为和改善区间等。甲方有权就审核结果向乙方提出整改意见，乙方应在收到整改意见___天内完成整改。

五、产品验收和退货：

1.甲方在收货时发现产品不合格或相关证明文件缺漏，有权拒绝收货。乙方应及时妥善处理拒收产品，期间发生产品毁损、灭失等一切风险均由乙方自行承担。

…………

这里展示的是某公司的质量保证协议的部分内容，主要包括但不限于协议涉及的产品名称、产品质量标准和技术要求、质量保证中甲乙双方各自的权利义务、产品验收和退货等，另外还有责任承担、出现质量问题的处理以及甲乙双方所持合同的法律效力等内容。

8.3 公司内部制度的约束和保障

对于采购企业来说，除了要培养采购人员素质、制订质量检验计划来进行采购质量管理，内部还可以通过制定一些相关的制度来约束供应商行为、保障产品质量。

8.3.1 科学设置采购质量管理机构

采购质量管理机构是为了保证企业采购质量，由专门的人按照一定的规则组建的一种质量管理团队。

企业在专设采购质量管理机构时，需要明确机构组成人员及相关人员的职责范围。常见的采购质量管理机构的设置以及各组成人员的职责范围如表8-2所示。

表 8-2　采购质量管理机构的组成人员及其职责范围

组成人员	职责范围
总经理	负责组织制定各项制度以及考核制度的制定和签发，同时监督各项制度的执行。如质量方针和目标、质量管理岗位责任制度、采购质量控制办法、质量管理制度的考核办法等
质量经理	协助总经理完成质量管理手册的制定和实施，负责所有质量问题的考核和检查，实施企业的各项质量考核办法并执行，将公司的质量管理办法落实到每一位员工等
采购经理	切实完成公司的采购计划，并按照公司的采购考核办法和生产部门的要求，把好质量关，促使每一位采购员都按照公司的采购规则和计划完成采购任务，做好采购评估等
生产经理	把公司的生产规章、设备管理制度、产品的工艺和工序以及成品的管理制度等落实到每一位生产员工，借助生产者的力量监督管控采购物料的质量
技术人员	按照公司对采购物资的质量要求把来料检验工作做好
质检组长	严格把好质量关，严格按照公司的质量管理办法或制度实施公司的所有质量管理工作，包括采购质量管理

　　不同的企业根据自身发展需要，设置合适的采购质量管理机构。同时，为了明确采购质量管理机构中各人员的职责，可以将采购质量管理机构的相关设置与管理内容写入采购质量管理制度中。

8.3.2　建立并完善采购质量管理制度

　　企业要想使采购质量管理工作有条不紊，建立完善的采购质量管理制度或办法是一种比较常见的做法。该制度包括与采购质量管理相关的规则和规定。

实用范本 采购质量管理制度

第一章　总则

第一条　为规范物资采购质量管理与控制，明确责任，提高质量管理水平，根据集团公司相关规章制度，制定本办法。

第二条 本办法所称物资采购质量管理是对物资采购、监造、检验、仓储、配送、使用、服务等过程物资质量实行指导、控制与监督的活动。

第三条 公司物资采购质量管理工作实行：统一管理、分级负责。

第四条 公司物资采购质量管理工作坚持源头把关、过程控制、落实责任、强化监督的原则。

第二章 机构与职责

第五条 物资管理中心统一管理公司物资采购质量工作，履行的主要职责是：

（一）协助有关部门对物资采购质量问题和质量事故进行调查。

（二）对涉及物资采购质量的部门进行不定期监督检查。

（三）配合上级主管部门做好物资采购质量检查和监督抽查，通报检查结果，处理存在的问题。

（四）对物资采购质量检验过程中或直达现场后发现的质量问题，会同有关部门及时处理。

（五）对物资管理部门的质量管理工作进行业务指导，监督质量管理工作的运行状况。

（六）组织开展物资采购质量管理相关培训工作。

第六条 物资采购质量工作主要职责是：

（一）贯彻落实公司物资采购质量管理规章制度，组织制定本部门物资采购质量管理规章制度。

（二）负责本部门物资采购质量管理工作。

（三）负责开展全面质量教育和职业道德教育活动。

第三章 基本管理程序和要求

第七条 公司物资采购质量管理实行"谁采购、谁负责"的质量负责制。采购物资出现质量问题、事故，按照权责对应的原则追究相关人员承担相应责任。

第八条 各部门物资采购管理部门要建立物资采购质量档案，保证采购物资质量具有可追溯性。质量档案的主要内容包括技术协议、买卖合同、检验（监造）报告、质量情况反馈等。

第四章 质量管理与控制

第一节 供应商准入与选择

第九条 物资采购质量要从源头加强控制，各部门应严格执行公司物资供应商管理相关规定。

…………

这里展示的采购质量管理制度，大致内容包括制定该制度的目的、机构与职责、基本管理程序和要求、质量管理与控制以及质量问题、事故与纠纷的处理等，内容比较全面。

8.4 采购质量不达标的处理

作为采购方，企业难免会在与供应商的采供交易中收到质量不达标的产品，此时处理方法得当不仅能让企业减少损失，还能收获可以长期合作的供应商。

那么，当企业遇到了采购物资质量不达标的情况时，具体应该怎么处理呢？

◆ 寻找责任人了解具体采购情况

验收货物时发现质量不达标，此时采购人员或验收人员首先要做的并不是责怪供应商，而是要从企业自身工作出发，先了解清楚具体的采购情况，再对采购质量不达标的原因进行分析。比如从下列一些可能存在的情况入手寻找原因。

①是否是最初签订合同时没有将产品质量要求写清楚？检查最终的采购合同的产品质量要求条款。

②是否是采购人员在与供应商接洽的过程中不按合同约定，口头做了质量要求的妥协？对相关采购人员的业务工作进行检查。

③是否是制订合同时将产品质量要求录入错误？检查最终的采购合同的产品质量要求条款。

④是否是物资需求部门在与采购人员沟通时出现了产品质量要求的理解差异？可查看物资需求部门最终报送的请购单或相关明细表。

⑤是否是采购部门已经确定了最终的采购质量要求后，物资需求部门又变更过质量标准，而在采购合同中没有及时更正？可以找物资需求部门的相关负责人确认。

⑥是否是供应商的问题导致采购产品的质量不达标？要与供应商沟通，明确供应商的问题出在哪里。

◆ 联系供应商协商解决办法

当采供双方明确了采购质量不达标的原因所在后，就要针对产品质量不达标问题进行解决办法的协商。

如果是本企业的问题，那么就要思考如何减少损失，同时又能让供应商信任自己，在后续的工作中还可以顺利合作？如果是供应商的问题，又如何让供应商尽其最大可能弥补企业的损失，同时又不会让供应商感觉企业在咄咄逼人？或者双方在协商过程中都各退一步，切实解决眼下的质量不达标问题以及带来的供货不及时的困境。协商出的解决办法包括但不限于以下一些。

①采购企业认为当前货物质量还不足以影响最终产品质量，于是打算接收这批货物，但要求供应商在价格上给予优惠。

②采购企业认为当前货物质量需要通过企业再加工才能用于生产，此时可能要求供应商承担这部分再加工的费用支出，也可表现在要求供应商提供价格优惠上。

③采购企业认为当前货物质量无法达到生产最终产品的标准，要求供应商办理退货。退货会涉及哪方原因造成的退货，这里暂不做具体退货处理的介绍。

◆ 认真处理退货和赔偿事宜

如果确实证明是供应商的问题导致了所采购产品质量不达标，且协商解决办法是退货和赔偿，则企业需要做好退货和赔偿事宜。这些在采供双方签订采购合同时，也都要在合同中进行详细的说明。

而在实际处理退货、赔偿事宜时，需要做的事情大致有以下一些方面。

①确定退货时采供双方的对接人员，落实责任到人。

②明确退货的流程和货物接收地，按流程完成退货。

③确定退货发生的运输费用由哪一方承担，是供应商全额承担，还是采供双方共同承担等。

④确定赔偿金额以及供应商对赔偿款的支付方式，督促供应商及时结清赔偿款。

⑤采供双方商议，如何对发生退货的订单进行及时的供货补充，防止采购方出现供产脱节。

⑥企业要做好退货事宜的记录，包括哪一批次的货物发生退货，具体退货数量是多少，采购价格是多少，获得了多少赔款，退货的收货地在哪里等。

这三大点可以理解为采购企业处理产品质量不达标的 3 个步骤，每一个步骤的工作都很重要。

工作梳理与指导

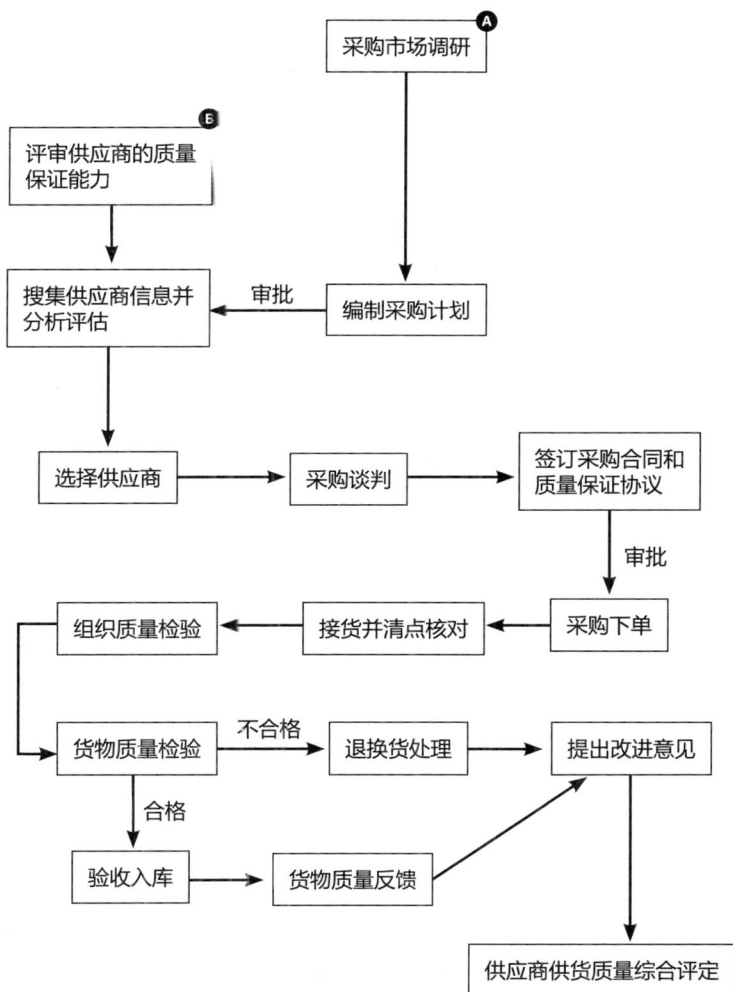

采购市场调研 Ⓐ

评审供应商的质量保证能力 Ⓑ

搜集供应商信息并分析评估 ← 审批 ← 编制采购计划

选择供应商 → 采购谈判 → 签订采购合同和质量保证协议

审批

组织质量检验 ← 接货并清点核对 ← 采购下单

货物质量检验 — 不合格 → 退换货处理 → 提出改进意见

合格

验收入库 → 货物质量反馈

供应商供货质量综合评定

流程梳理

按图索技

Ⓐ 采购市场调研的目的是帮助采购企业了解市场的现状和发展趋势，从而为企业进行采购市场的预测提供客观、正确的资料。进行采购市场调研需要运用科学的方法，且系统地、有目的地收集市场信息，记录、整理并分析市场情况。

Ⓑ 质量保证是多数供产商都应具备的能力，为了保护采购方自身利益不受损，有必要对供应商的质量保证能力进行严格的评审。只有供应商具备了质量保证能力，采购方才能安心实施采购计划。另外，评审供应商的质量保证能力，可以与企业搜集到的供应商信息进行对比，看是否存在产品或服务的质量问题。

答疑解惑

问：提高企业采购质量管理只是采购部的"独角戏"吗？

答：可能很多人甚至是企业自身，都认为企业的采购质量管理应由采购部全权负责。实际上在质量管理体系健全的公司，其质量是"防"出来的，不是"检"出来的，质量管理贯穿了公司内外部的全流程行为，要坚持"知道、做到、防到"。知道是指要知道企业自身需要什么、供应商可以提供什么，包括物料的规格参数、运输包装、生产包装和交货期等；做到是指要做到切实执行、监控到位，可以实地参与供应商关键来料的检验，了解供应商生产制程；防到是指要建立反馈、处理、修正的防范体系，最大化地控制质量异常发生，同时还要建立各种预防性质量管理制度和计划，如来料检验管理制度、质量控制计划等。

问：到货后质量不合格，采购企业的常规处理有哪些？

答：①由供应商在保证质量合格的情况下紧急替换；②采购企业就近从其他供应商处进行少量采购；③在了解到同行可以接收质量不合格的货物时，与同行换货等。

问：如何从采购质量管理的角度提高采购质量？

答：①强化采购职能机构，明确职责和权限，实行物资归口管理、集中统一采购；②建立高素质的采购团队；③制订科学的采购计划并认真执行，视情况做灵活调整；④采购前对供应商进行严格的资格评定，建立合格供应商档案；⑤准备齐全无误的采购资料，由专人准确送达供应商；⑥按照我国合同法的规定与供应商签订正式的采购合同并切实履行；⑦事先做好采购物品的进货检验计划，并认真执行；⑧针对大批量、重要物资采取招标采购等。

答疑解惑

问：采购方如何借助产品合格率来进行质量管理？

答：各采购企业可以借助产品合格率来进行质量控制。产品合格率是同一批次产品生产出来后，经过规范检测，检测出来的合格产品占产品总数的百分比，即产品合格率 = 合格产品数 / 产品总数 ×100%。换句话说，采购企业可以根据订单的总订购量，以及自身对产品质量要求的标准，向供应商在合同中协商约定一个到货产品合格率，以控制所采购货物的不合格数量，从而提高采购质量。

实用模板

IQC 检验报告单　　　　　工序质量特性分析表　　　　　原辅材料进货查验记录

采购质量问题处理办法　　　来料检验规范　　　　　　　质量控制计划

产品不合格严重性分级表

第9章

做好采购成本控制提高成本效益

采购成本是企业生产经营总成本中的一部分，它与生产工人工资以及其他归入生产成本的制造费用共同组成了产品的成本，进而转化成企业的销售成本。由此可见，要做好企业的成本控制工作，需从采购成本这一源头开始抓起，提高成本效益，效果会更好。

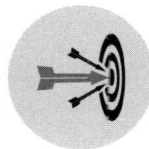

9.1　了解采购成本的构成是必不可少的

从财会的角度来看，企业的采购成本主要是物料的买价、外地运杂费、包装费、运输耗损以及入库前的挑选整理费等的合计。而从管理的角度，可以将采购成本的构成划分为以下 3 个部分。

◆　物料本身的价格

采购企业与供应商签订采购合同，以约定的价格买入所需的物料，然后将物料投入生产，最后形成产品待售。而为了购入生产所需的物料所付出的价格，发生在企业的采购活动中，计入企业发生的采购成本中。

这部分成本的高低主要取决于企业采购物料的价格，因此具有比较弹性化的成本控制空间。

◆　采购人员付出的成本

采购人员付出的成本指所有与采购人员开展采购业务相关的成本，如编制采购项目预算的成本、确定技术参数的成本、租用开标场地的成本、聘请专业人士参与项目策划的成本以及企业向这些采购人员支付的工资等。

从采购人员付出的这些成本来看，具有非常大的主观性，换句话说，成本的高低会因为工作效率或者职业素质等出现较大差异，因此也就决定了这部分成本同样具有很好的调整和控制空间。

◆　与采购活动相关的其他支出

对采购企业来说，在开展采购活动时，可能会涉及的相关支出如下：

①需要自行负责运回所购物料的，此时就会产生运输费。

②在采购过程中需要对所购物料进行存储，相应地会发生仓储费。

③为了更好地保护物料在运送过程中少受损毁，会做另行包装，进而产生包装费。

④为了防止所购物料在运输过程中发生严重损毁，采购企业很可能会为所购物料购买相应的保险，从而支付相应的保险费。

⑤为了将所购物料装入运输设备，以及将所购物料从运输设备上卸下，都会发生装卸费支出。

有些企业还可能因为其经营特点而在采购业务中存在其他支出，具体是否计入采购成本，由公司根据会计相关法律、法规的规定处理。

9.2 采购成本的控制方法

可能有人会问，是不是只要尽可能地压低采购货物的价格，或者压缩其他方面的开支，就能有效控制采购成本呢？从金额数字来看确实可以，但实际采购活动中，一味地追求低价采购很可能引起其他损失，比如质量达不到要求，或者找不到可以供货的供应商等，从而使企业面临断货的损失。因此，采购成本的控制必然需要讲究方法。

9.2.1 经济订货批量控制总体成本

经济订货批量是通过平衡采购进货成本和保管仓储成本，实现总成本最低的最佳订货量。也就是说，确定了经济订货批量就可以相应地控制总体采购成本。

在运用经济订货批量控制采购总成本时，需要用到的计算公式如下：

$$经济订货批量（EOQ）= \sqrt{2 \times K \times D \div Kc}$$

$$总成本（TC）= \sqrt{2 \times K \times D \times Kc} \ 或 \ K \times （D \div Q）+Kc \times （Q \div 2）$$

在上述计算公式中，K 表示每批订货成本；D 表示企业全面的物资需求量；Kc 表示每件物资的年储存成本，注意这里将原本经济订货批量汇总的年储存成本看成是所购物资在入库前发生的仓储成本；Q 表示确定出来的经济订货批量，即 EOQ。

运用这种方法时，只是单纯地考虑采购物资的订货成本和仓储成本，没有考虑所购物资本身的价格。实际上，只要确定出了订货成本和仓储成本的最小值，再加上所购物资的价格，也就能很好地控制采购成本。

实操范例 利用经济订货批量控制采购成本

已知甲公司对生产物资的全年需求量为 12 000 件，每次订货成本为 800.00 元，每件物资的年储存成本为 30.00 元，确定公司一年的经济订货批量，同时算出相应的总成本。

$$经济订货批量 = \sqrt{2 \times 800.00 \times 12\,000 \div 30.00} = 800（件）$$

$$总成本 = \sqrt{2 \times 800.00 \times 12\,000 \times 30.00} = 24\,000.00（元）$$

也就是说，当甲公司每次订货量为 800 件时，总成本最小为 24 000.00 元。如果每件物资的单价为 42.00 元，则：

年采购成本 $= 42.00 \times 12\,000 + 24\,000.00 = 528\,000.00$（元）

实务中有些供应商会采取陆续供货的方式，此时经济订货批量的计算公式就会发生变化，具体如下：

$$经济订货批量（EOQ）= \sqrt{2 \times K \times D \div Kc \times [p \div (p-d)]}$$

$$总成本（TC）= \sqrt{2 \times K \times D \times Kc \times [(p-d) \div p]}$$

上述公式中，p 表示供货商每日送货量；d 表示企业存货每日耗用量。以上述案例为例，假设该公司供应商每日送货量为 40 件，每日耗用量为 30 件，则：

$$经济订货批量 = \sqrt{2 \times 800.00 \times 12\,000 \div 30.00 \times [40 \div (40-30)]} = 1\,600（件）$$

$$总成本 = \sqrt{2 \times 800.00 \times 12\,000 \times 30.00 \times [\,(40-30)\,\div 40\,]} = 12\,000.00\,(元)$$

以这种方法来控制采购成本，实际上就是通过控制每次采购量来实现，但如果企业对生产所需物资有季节性特点，此方法将不适用。

9.2.2　定量采购法有效减少采购物资的浪费

定量采购法也叫定量采购控制法，指当库存量下降到预定的最低库存数量（即采购点）时，按照规定数量（一般以经济订货批量 EOQ 为准）进行采购补充的一种采购成本控制方式。

实际工作中，当企业的库存量下降到再订货点（即最低库存数量）时立即按预先确定的订货量发出货物订单，经过交货周期，收到所购货物，库存水平上升。很显然，这种采购成本控制方法需要与经济订货批量结合使用。

由此可见，这种方法的使用既可以保证企业生产所需不易断货，也能掌握好采购频率，保证较低的采购成本。该方法在使用时会涉及计算公式如下：

$$再订货点（R）= L \times d$$

在上述公式中，L 表示平均交货期，也叫平均交货时间；d 表示每日平均需用量。

实操范例　通过定量采购控制法确定再订货点

某公司全年需用 A 材料 36\,000 件，计划开工 360 天，已知该材料订货日至到货日的平均交货期为 5 天，求该材料的再订货点。

再订货点 $= 5 \times (36\,000 \div 360) = 500$（件）

也就是说，当该公司的 A 材料只剩下 500 件的时候，就需要立即对外发出采购订单，采购 A 材料。

这种再订货点的确定，其特点是企业预计所采购货物到货的当天，库存货物刚好用完。但实务中为了防止采购业务出现延迟交货而带来的生产物料断货的情况，通常会在此基础上加上一个保险储备量，公式如下：

$$再订货点（R'）=L×d+B$$

上述公式中的 B 表示保险储备。在案例基础上，考虑保险储备时，假设该公司 A 材料的保险储备为 400 件，则再订货点（R'）=500+400=900（件），就不是 500 件了。

需要明确的是，再订货点是指导企业发出采购订单的时间，不是具体的采购数量，即企业的物资库存数量减少到再订货点时就需要准备采购了。而具体采购多少，此时就需要借助经济订货批量，以此来控制采购成本。再订货点控制采购成本的思路，实际上是减少货物在本企业的储存成本和缺货成本，是变相地降低采购成本。

9.2.3 定期采购法减少运输和盘点费用

定期采购法指企业按预先确定的订货间隔期间进行采购、补充库存的一种方式，从时间上控制采购周期，从而控制货物库存量。由于订货间隔期确定，因此多种货物可同时进行采购，不仅可以降低订单处理成本，还可以降低运输成本，也可以因为减少了清查盘点次数而节省相关费用。

但要注意，要想使定期采购法的运用能有效防止企业缺货带来的采购成本增加，就必须在确定订货间隔期间时准确预估一个采购周期内的大致需用量，否则定期采购法不但不能防止缺货，反而可能导致缺货，进而增加采购成本。

采用定期采购法时，企业只在特定的时间进行库存盘点，比如每周一次或每月一次，此时如果对一个采购周期内的存货需要量预估不准，就可能导致缺货，进而发生缺货成本，相应地提高采购成本，所以定期采购法的运用关键在于准确预判各采购周期的存货需要量。

定期采购法下，不同时期的订购量不同，而订购量的多少主要取决于各个采购周期的存货使用率，它一般比定量采购要求更高的安全库存，以此保证在存货盘点期和提前期内不发生缺货。这里没有特定的安全库存计算公式，各个企业根据自身对存货的使用率以及对盘点期和提前期的预估，来确定具体的安全库存，从而对定期采购的采购周期进行确定。

9.3　降低采购成本的其他技巧

企业除了要从管理的角度以及专门的降低采购成本的方法出发，尽可能降低采购成本外，还可以从日常工作入手，为降低采购成本提供多种可能。

9.3.1　产品设计之初优化选材

可能很多人都没有从产品设计的角度去思考如何降低采购成本，认为产品设计是公司研发部门及技术人员的事情，而成本控制则是采购部门和生产部门的事，两者之间没有多少联系。然而在激烈的市场竞争中，通过良好的产品设计降低产品本身的成本，进而就会使企业在确定采购价格时有了降低价格的可能，从而降低采购成本。

由此可见，产品设计时对所需材料的考量也可以控制采购成本。虽然产品设计时的成本控制不只是关于选材，还有其他各个方面，但选材对采购成本的影响尤为突出。那么在产品设计时，如何做才有利于优化选材呢？

（1）编制设计要求列表并分析

在设计产品时，相关负责人可以将产品需要的原材料、产品需要达到的基本功能和特殊性能等列示在一张规范的表格中，进一步分析该产品的生产具体会使用到哪些原辅材料，然后继续分析相关原辅材料是否可以用更便宜但质量几乎一样的材料替代。由此，确定出在保证最终产出的产品质量的情况下的最低成本构成。

（2）考虑所选材料的使用是否会引起其他成本增加

如果设计产品时选用的材料比较特殊，不易于采购、存储或装运，就会相应增加企业的采购成本。而且，如果企业一味地追求价格低廉的替代品而忽视了这些材料的存储、装运和装配问题，不仅可能无法为企业降低采购成本，反而会使采购成本增加。所以，选材时还需要考虑用材引起的其他成本增加的可能。

（3）制定合理的工艺方案适当降低材料需求

在产品设计时，对于工艺方案的制定和选择也是能够降低材料需求的。不同的生产工艺对应所需的材料会不同，进而就会影响材料的采购价格。那么，如何保证制定出合理的工艺方案呢？

①做好工艺评审，尽可能地激发技术潜力。

②规范工艺手段，在考察了新增工艺设备后不会明显增加企业经营成本的基础上积极更新先进的工艺装备。

③建立联网的数据采集和分析系统，使得产品设计的相关人员在将产品的相关数据录入系统后，就能快速生成有关产品成本预测的信息。

这些是在产品设计之初，可以对选材产生影响的大致因素。

9.3.2 加强成本核算

成本核算是指将企业在生产经营过程中发生的各种耗费按照一定的对象进行分配和归集，以计算总成本和单位成本。成本核算一般以会计核算为基础,以货币为计量单位。

成本核算准确与否,直接关系着各材料的收、发、结存情况是否准确,其中"收"关系着材料采购成本的核算。采购成本也可以称为采购物资的入账价值,只有准确核算,才能避免将不需要计入采购成本的费用支出确认为采购成本的一部分。

在确认物资的采购成本时,有下列一些情况需要特别注意。

①收到增值税专用发票的,发票上注明的增值税税额(进项)不计入采购物资的成本中。但是,收到增值税普通发票的,发生的增值税税额(进项)就需要计入采购物资的成本中。

②所购物资入库后发生的仓储费不计入物资的采购成本。

③收到销售额与折扣额记载在同一张增值税发票上的发票,折扣额不计入所购物资的采购成本。

④为运输所购物资垫付的运输费,不计入物资的采购成本。

由此可见,如果对这些注意事项不清楚,对采购成本的核算不规范,就很可能无形之中增加企业的采购成本。

9.3.3　直接有效的压价技巧

作为采购方,企业的采购人员需要掌握切实有效的压价技巧,既达到低价采购的目的,也不至于让供应商感觉采购方在"压榨",使得供应商无利可图。

◆　创造竞争条件给供应商危机感

无论是向目标供应商透露我方还了解到有其他同类产品正在低价出售,还是向供应商说明所采购物资有相应的充足替代品,都是在给供应商创造竞争环境,向供应商传达一种"并不是非你不可"的讯息,给供应商以紧迫感和危机感，促使其能够按照采购企业提出的采购价格提供货物。

◆ 压价要有弹性策略

压价的弹性策略主要体现为不漫天还价，不轻易还价，不在一开始就还出最低价。就如同弹簧，突然一下将其压到最低处，很可能造成弹簧变形，从而失去转圜的余地。压价也是一样，要循序渐进，要给双方议价留出适当的空间。

◆ 开出的条件要高于预算

采购方向供应商首次开出的价格应低于采购预算，这样才能保证双方经过协商后的采购价格不会高于采购预算，或者不会明显高于采购预算。

◆ 尽可能让供应商开口还价

在与供应商议价的过程中，比如供应商给出的价格是 50.00 元，我们还价 46.00 元，尽可能地以低于供应商预期的价格还价。这样可以迫使供应商再次还价，此时可能还价 49.00 元、48.00 元，甚至 47.00 元，然后采购方再以请示了领导后最高价格是 48.00 元或者高于 46.00 元的其他价格为由进行还价，供应商为了抓住客户，同时也看到供应商开出的价格比刚还的 46.00 元高，就很可能同意采购方提出的价格。

采购方的采购人员在日常工作中，要不断提升自己的压价能力，找到行之有效的压价方法。

工作梳理与指导

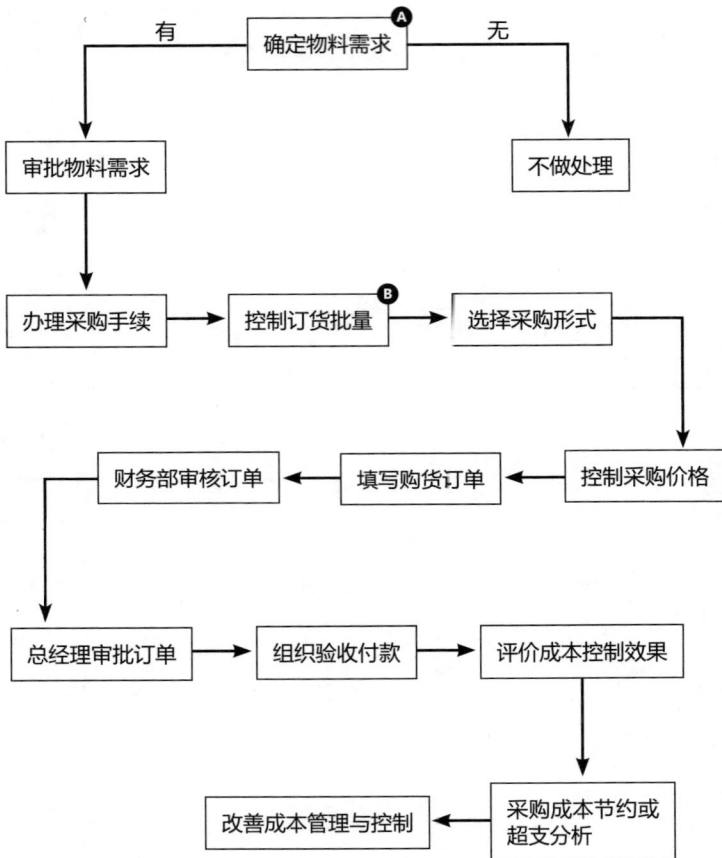

```
          有            确定物料需求 Ⓐ        无
   ┌──────────────────┤            ├──────────────────┐
   │                  └────────────┘                  │
   ▼                                                  ▼
┌──────────┐                                    ┌──────────┐
│审批物料需求│                                    │ 不做处理 │
└──────────┘                                    └──────────┘
   │
   ▼
┌──────────┐      ┌──────────┐ Ⓑ     ┌──────────┐
│办理采购手续│─────▶│控制订货批量│─────▶│选择采购形式│
└──────────┘      └──────────┘       └──────────┘
                                           │
                                           ▼
┌──────────┐      ┌──────────┐       ┌──────────┐
│财务部审核订单│◀───│填写购货订单│◀─────│控制采购价格│
└──────────┘      └──────────┘       └──────────┘
   │
   ▼
┌──────────┐      ┌──────────┐       ┌──────────────┐
│总经理审批订单│───▶│组织验收付款│─────▶│评价成本控制效果│
└──────────┘      └──────────┘       └──────────────┘
                                           │
                                           ▼
┌──────────────┐      ┌──────────────┐
│改善成本管理与控制│◀───│采购成本节约或 │
└──────────────┘      │超支分析      │
                      └──────────────┘
```

按图索技

🅐 对企业来说，采购成本的控制首先要做的事情就是确定物料需求，只有明确了物料需求，才能在满足需求的同时做好成本控制。企业在控制采购成本时，不能通过压缩物料需求来达到目的，这样反而会使企业的生产经营活动陷入困境，严重时直接导致企业生产活动停滞。

🅑 订货批量也可称为采购批量，指某一次采购活动或某一批采购物资的数量。控制订货批量可以有效控制订货成本，从而达到采购成本控制的目的。而订货批量控制的结果就是要找到企业的经济订货批量，使得企业的订货成本和储存成本之和最小化，这也是采购成本控制需要达到的效果。

答疑解惑

问：如何获悉供应商涨价征兆？

答：①采购方与供应商联系，了解产品或物资的情况，供应商表现出惜售的状态；②经常主动联系企业（即采购方）询问订单的供应商突然"消失"了；③供应商直言原先交易的原材料涨价很厉害，或者说市场出现了什么意外情况导致材料在市场中紧俏而不能生产或减少生产等。

问：如果证实了物资会涨价，采购方需要做好哪些准备工作？

答：①确定自身所处的生产环境对物资的需求是属于淡季还是旺季，如果是淡季，则保证物资需求量即可，不必立即购入正在涨价的物资；如果处于需求旺季，就必须保证供货不断，此时就要想办法尽可能购入低价物资。②分析物资涨价的原因，判断是否存在人为哄抬价格的情况，同时分析判断涨价会持续多久，会不会导致市场供小于求，影响的范围有多大等，进而做出对企业后续采购工作有利的采购计划或策略。③摆正心态，沉住气，忌不知所措、盲目采购，越紧俏的货越不能仅向一家供应商采购，防止供应商因为一些特别的原因推迟供货，甚至违约不供货。

问：哪些行为是在采购成本控制中需要注意的？

答：①避免将重点只放在与供应商进行价格谈判和争取更大的价格优惠上，而忽视了采购合同中关于售后服务和违约责任条款的约定；②采购成本控制过程中也要重视与供应商战略合作关系的建立、培养和发展；③采购方要自我反省、自我怀疑，要学会从自身出发寻找

答疑解惑

采购成本控制工作存在的问题，并积极采取措施解决；④不能只从节能减耗和降低浪费的角度控制成本，还要从产品生产的设计方案入手，控制产品成本，进而控制采购成本。

问： 如何防止供应商临时拒绝供货或延期供货？

答： ①建立完善的供应链风险管理计划，实施自上而下的严格监督，识别和定义供应商风险，对重要和关键的供应商进行风险评估，建立有效的供应链中断应急体系；②识别并预测供应商风险，记录供应链中断频率较高的环节和相立的情况，分析确定导致供应链中断的原因并进行归类，判断出各原因对供应链中断的影响程度，针对性地对供应链的薄弱环节进行改善、监控；③提高需求预测的精准度，同时建立企业的安全库存等。

实用模板

采购成本比较表	采购付款通知单	成本差异汇总表
采购成本汇总表	采购物资价格申报表	一般采购付款申请表
采购成本控制办法	采购支出登记台账	